# 儒家工夫論

吳新成 著

臺灣 學生書局 印行

# 讀《儒家工夫論》序

潘朝陽

　　中國儒釋道三教都有各自的「工夫論」以及相關的修養身心之「工夫」。儒家義理體用一如，境界與工夫一致，體與氣合一，道與器一本，而且也說工夫所至就是本體，或說依大用而顯本體。換言之，沒有一種掛空抽象純理的本體，所以如果只是以虛玄繁複的文字著作來高談「本體」或「道體」，但在實際上的身心之工夫卻甚不踏實不盈滿，則此種人只是虛假的儒者，而非真的孔孟之徒。

　　一般世人論及「工夫」之境界時，常以為禪門和道家的「打坐」、「靜坐」就是修養工夫，甚至還以為只有「打坐」、「靜坐」才是工夫，更往往以為釋道兩家才有工夫。實則自孔子以降的儒家有其深厚敦篤的身心工夫論，且連結著「內聖外王」的一貫之仁體而入手。在其中，亦有「靜坐」的工夫，此種「坐」，乃是身心工夫修養工夫的其中一個手段罷了。

　　追溯儒家工夫之論，應從《論語》始。顏淵問仁，子曰：「克己復禮為仁。一日克己復禮，天下歸仁焉。為仁由己，而

由人乎哉？」顏淵曰：「請問其目。」子曰：「非禮勿視，非
禮勿聽，非禮勿言，非禮勿動。」顏淵曰：「回雖不敏，請事
斯語矣。」（《論語‧顏淵》）這一章孔子和顏淵的對話，彰著了
孔門的入德工夫論，其非玄妙之語，也不求如釋道兩家的所謂
神識或本心之歸寂入空而達到「涅槃」或「逍遙」的個人解脫
的境界。孔子只告訴顏回，心是連著感官的，非禮（亦即違反
禮）的對象事物，君子不可加以「視聽言動」；而雖然是感覺
器官的作用，其實真正的主體核心動力，卻是人人皆有的
「心」，若無心之意識，則由「四大五行和合」而無「自性」
的身體，乃是一堆死物，故「視聽言動」的合不合禮，是由具
有「自性」的「心」來決斷推動的，然而人之「心」，卻又是
必須與其身體的「眼耳鼻舌身」相連結，其主體性必須通過此
「五根」的器官才能顯其作用。換言之，孔門的身心工夫，乃
是內之心和外之身合而為一的修養。並非如一般打坐、靜坐的
那種狹義的歸寂的工夫。若只著重打坐、靜坐的工夫，以此路
是一條內照之取徑，其是摒除外延而一心一意讓心回歸於它自
己，甚至成為如同「煉丹」似的「修煉」的一套信念和踐履。
此種工夫之境界，依釋道兩家，是可以譬如民國虛雲和尚之靜
坐入禪，以至其心性神識出離上升於兜率天內院聽彌勒菩薩說
法，之後再返回塵土之肉身。「克己復禮」的工夫實踐並不如
此，它是從本心之仁的內聖出發，而逐層對世間眾生實際施仁
政行王道，換言之，仁心的工夫境界沒有內縮孤立虛懸的此種
工夫和境界，它的工夫和境界是在「外王」的層層歷程中實
現，這也就是孔子所說「一日克己復禮，天下歸仁焉」的意

思。

　　然而，儒家是否只在從內在而外延地論其身心工夫及其踐履之效否？其實亦不僅此也。孟子與公孫丑的對話中有一章是專門論孔孟之修養本心的工夫論的，此種修養連繫著「氣」，似乎是如同道家一般的「煉氣」之功？其實不然。孟子說：「夫志，氣之帥也；氣，體之充也。夫志，至焉；氣，次焉。故曰：『持其志無暴其氣。』」（《孟子·公孫丑》）此處孟子說的是修養工夫論，「志」就是本心，「氣」則從心連著身體言，是本心發用的那個動力，打個比方，我們開車，我們的心的意志是要開車，故啟動汽車，汽車是一個工具，它因為我們之心產生開車之意向故而發動，啟動車子的是我們的心而非車子，因為是人自己的心起命令有動力，車子因是發動，此時人與車乃形成一個動作之整體，此際，亦即在這個人車一體的動態之中，就是氣在作用，但是心在指揮。他告訴公孫丑，我們的工夫從心志也就是本心開端，必須持守，而如此才可使這個「氣」不會暴突走作，譬如我們開車，是依據我們的理性之心，遵照交通規則而驅車，於是志與氣和諧形成一個順暢的動態之整體，因此能平安順遂。如果我們開車卻「無持其志」，也就是比如喝醉了或在車上嬉鬧分神，則就會「暴其氣」，於是往往發生暴衝而出了傷身或喪命的大車禍。依上所言，孟子強調了修心持志是很重要的，這種端正本心而進行的修持，就是儒家的修養本心的工夫。若能天天恆常地修持本心，正是培養「氣」的工夫之入門。孟子說：「我善養吾浩然之氣。其為氣也，至大至剛，以直養而無害，則塞於天地之間，其為氣

也，配義與道，無是餒也。是集義所生者，非義襲而取之也。行有不慊於心，則餒矣。」（《孟子‧公孫丑》）由此試問：「浩然之氣」之「善養」工夫是「誰」養之？答曰：是以本心而養之，也就是本心之本有的仁義之道它自己來培養其自身，這樣的工夫日久，一旦豁然貫通焉，則我們的身心之「浩然之氣」就「塞於天地之間」。若問孟子此種「集義而養心」所以「養氣」的例證有無？答曰：「有」。孟子之睥睨諸侯而表現出來的大丈夫氣象和大智大仁大勇之生命是也，此種儒家養心持志而顯現的浩然之氣，稱為「富貴不能淫，威武不能屈，貧賤不能移。」又如南宋末年抗元不屈而殉道的文天祥，他在黑獄中所撰的《正氣歌》就是孟子的身心修養工夫論的真正實踐。其一開始如是曰：「天地有正氣，雜然賦流形，下則為河嶽，上則為日星，於人曰『浩然』，沛乎塞蒼冥。皇路當清夷，含和吐明庭；時窮節乃見，一一垂丹青。」文文山的從容殉國就義，若非從持志而養氣的工夫實踐，則其從仁義之心而養成的生命且貫達天地之浩然正氣，則不可能做到。

　　如果我們不那麼剛健地境界地說儒家工夫，則宋明儒家亦重視心性的平時涵育培養的工夫入路。李延平教人打坐，他常教人應在端居靜坐中問自己「喜怒哀樂未發前的氣象為何。」其是從《中庸》而來，《中庸》這樣說：「喜怒哀樂之未發，謂之『中』，發而皆中節，謂之『和』；致中和，天地位焉，萬物育焉。」探究此句之核心義，「中」也者，即「天下之大本」，就是「仁」，在宇宙謂之「乾元」；在人心謂之「良知」。「和」也者，即「天下之達道」，就是乾元之大生廣生

和良知之中正大德。因此，李延平的教人安靜收斂而尋此「感情之發」的超越者之氣象（所謂「未發之前」的「之前」，不是時間前後義，而是指其超越性），其實就是一種凝聚本心而回到乾元良知之本我的境界，人在此種本心的自我中的停停當當之惺惺和明覺，是很要緊的，因為這樣的工夫所及之境界，才是君子聖賢的心的本然狀態。

李延平式的靜坐，也是其傑出弟子朱子強調的，朱子亦主張打坐收斂身心，其實延平之師承，楊龜山和羅從彥皆重視靜坐以修養身心，而楊時的老師明道和伊川兄弟何嘗不是，史說伊川冬天一日瞑坐，楊時和遊酢立於廳下不敢驚擾，等伊川從瞑坐而覺，此時屋外大雪已經盈尺，這即是「程門立雪」的故事，其中其實存在著洛學的靜坐養心的工夫入路。心學家陸象山亦是如此。而明儒陽明、白沙也勸弟子每日靜坐以求「獨知」之警感慎覺。

其實藉守靜而持守本心的虛靈明覺以及其內在的生生健動的生氣，此種工夫涵養，不必然一定關室打坐，儒家在日用平常就可以有此工夫之培養和境界，如孔子自己說的：「飯疏食飲水，曲肱而枕之，樂亦在其中矣，不義而富且貴，於我如浮雲。」（《論語‧述而》）即是這種境界，若無平時工夫，焉能臻至？明儒羅近溪所說的「童子捧茶」亦是寓境界之工夫修養於日常酬酢工作之中。

當代新儒家熊十力、唐君毅、徐復觀、牟宗三等四位先生，大概都是不主張打坐之工夫的，他們的時代以及境遇，恐怕亦無有名山寧鄉可得安宅而從容靜坐修真，故當代新儒家是

跟南宋「湖湘學派」的胡宏（胡五峰）一樣的，是在事事物物的交接應對時，以本心而著性於當下而得到修為之境。我們說在每日固定或時時找時間，在僻靜無喧的場所，自己凝心靜坐而問「中」是何境，此種工夫是一種「隔」的修養，而若非如此，就直接在日用云為之際，隨應人事物而隨即收斂己心而以清明良知照覺對應處理，這種修養是一種「不隔」的工夫。在臺北講經傳道六十載的另一位當代大儒，奉元書院山長先師愛新覺羅毓鋆先生，在其中壯年時期，其工夫是「不隔」，而於其晚年，每日則根本不倒單，已經習慣靜坐入定，此種「隔」的工夫實亦達乎相當深入的境界，愛新覺羅毓鋆先生一生呈現的是儒家雙重修養身心之工夫和境界。

廈門白鹿書院山長南山（吳新成先生），集結了最近數年的儒學和儒教的論文，共有 11 篇，再加一篇文章，南山先生將它列為〈附錄〉。這 11 篇論文固然長短不一，且有些有注腳，有些則一氣而成無有引注，但其等皆有一個共同宗旨，即詮釋彰著中國儒家的「工夫論」或「工夫」之入路的本身，而且也會從「工夫」而連帶於「境界」之論述。在其中，南山先生掌握的中國儒家的「工夫」之議題，當然是「即工夫即本體」、「即本體即工夫」的，因為此種「雙向之相即性」，本來就是儒家的「體用合一」、「體用一如」而又「以大用顯本體」或「工夫所至即是本體」的義理傳統。

南山先生此本專著的論文，首先點明真儒若無儒行，就不可隨隨便便高談闊論「儒學儒教」，若能潛心一志去研讀《禮記‧儒行》，並且學而時習之加以實踐於心性和生命中，這才

是真正儒家。而且，也闡明了儒家良知之踐行，是「即知即行」而「即行即知」的。換言之，沒有落實於事上的「知」，縱然是「儒學研究」，在學術殿堂裡搞得十分繁複高深，成為一位儒學的大學者，亦不是真儒，只是一個學究而已，學究那種研究，亦只是一種談儒學的印刷品，於真義和實體了無關聯。

　　所以從這個基本觀點和信念出發，南山先生提撕讀者心志必須立「信」，儒家之道與學是「信仰」而不是漫漫消遣的文人玩意。人唯有仁心，其言才有「信」而其行才有「義」；言行依仁而彰著信義，這是儒家的工夫亦是境界。由此更論儒家之學其實是道，涉乎於道境，必須心性有信，因為孔孟之道是道統，是德性而非見聞，是自身與天地、鬼神、人物能夠一體安頓的「常道慧命」，故其開端必須是「信」而非世俗知識的學習，正如同佛家第一修習之路就是堅定無二的「信佛之心」，否則唸死阿彌陀佛亦全無用處，因為無信之唸，是冷風吹寒穀的回聲，千萬年都是既冷且寒，與溫熱之生命了無相符，同理，學儒之人若非以仁心來虔誠通道，而只是把儒學當追求功名利祿的敲門磚子而成為貪官汙吏，或只把聖言看成是字紙簍中的廢文棄字，拿與生命文化全無相干的考據訓詁擺弄一番且依此技倆向青年學子販售沽名，此與孔孟聖賢之道有何關係？

　　於是，南山先生討論了孟子的工夫三層次，而在宋儒理學心學方面，兩篇論朱子的工夫體證，而所謂工夫體證，同時是修德同時亦是治學，故當然其修德治學為一致的工夫體證之所

及，也就是朱子的儒道之境界。一篇則討論了陸象山的本心論和辨志說，實則，象山之心學進路要求人必先立乎其大，亦即先行辨志，才知做人才能治學。先立乎其大就是先行辨志，其實就是做人為學必先立乎本心也，象山之說，本於孟子，孟子曰「求放心」；求放心和立其本心辨其心志，是一樣的意思，正是做人為學的基本工夫，缺此門路，如何做人又如何為學？

　　除了對朱子、象山之學的詮釋之外，南山先生特別闡揚當代新儒家的錢穆先生之儒學內容和精神，其文彰明錢先生通過儒道而具有的宗教觀念和情操，並由此而有類似宗教之徒修煉其心的靜坐工夫和所達之境。錢先生的靜坐是儒門的，是使己心回歸到仁心自己的明覺之境，並非如佛子一般的上升天界或涅槃。而儒家或錢先生的靜坐工夫之目的乃是使本有之明覺之心，能恆常地接物應事，而能在這個世界得到儒家常道的貞定，並非出離塵世去追尋另外獨立的淨土。再者，南山先生也詮釋闡述了徐復觀先生的重要著作《象山學述》。徐先生中歲之後渡海來臺，脫去少將軍服而在東海大學開始教學子如何做聖人，東海大學之校名，是徐先生所命，此「東海」之義，取自陸象山之語，象山說：「宇宙即是吾心；吾心即是宇宙。東海有聖人出焉，此心同也，此理同也；西海有聖人出焉，此心同也，此理同也；南海北海有聖人出焉，此心同也，此理同也。千百世之上有聖人出焉，此心同也，此理同也；千百世之下有聖人出焉，此心同也，此理同也。」時，東海大學剛成立，是基督教會辦的大學，校長曾約農雖是基督徒，但是曾國藩嫡系曾孫，有濃厚中國儒家情懷素養，其接受徐先生之建

議，遂以陸象山這句重要的話語之東海為校名。而據聞當時的校歌亦是徐先生所撰之辭。

這個時候，徐先生在大度山（東海大學校園所在）上，認真研讀象山心學，故撰有《象山學述》一書。

當代新儒家是關聯著時代而依據本心之「敬德」治學著述的，一九四九年，國共內戰，中國分裂隔海分治，當代新儒家唐、牟、徐、錢等先生都離開大陸，成為有如陳永華、朱舜水一般的遺民型儒者，特別是徐先生和牟先生留在臺灣有相當長的歲月，他們的境遇很類似明永曆十五年（1661）隨明鄭延平王來臺之前就在臺灣的沈光文，或隨延平來臺的陳永華、徐孚遠、王忠孝、辜朝薦、盧若騰、紀許國等浙、閩、粵之避清抗清之儒者。兩大儒在臺灣亦設帳授徒以孔孟之常道慧命，他們在臺灣接引啟蒙的絕大多數皆屬臺灣籍的青年學子，而徐先生在臺中更與日據時代文化抗日的臺灣文化協會君子相友善，其中尤以莊垂勝先生、洪炎秋先生、葉榮鐘先生成為莫逆之交。

在那個時代，徐先生以避赤來臺的遺民儒家自許，對大時代下中國傳統文化道統之崩壞，常懷「憂患意識」，再加上與臺灣抗日儒者之相善，而亦能同理同情於臺灣開臺聖王鄭成功以及明鄭諸儒開啟東海之島而為華夏之地的心志，在此種氣氛和心情之下，徐先生一方面撰述批判時論關心國運的文章，一方面則下苦功立心願，從事系統性的中國儒家以及先秦諸子和古典史籍的研究及著述。《象山學述》正是於此時空和人文背景下創作出來的巨著。徐先生在此書中，深入清晰地指點象山之心學的重要方針，一是立「吾心就是宇宙之心，宇宙之心即

是吾心」的大心；一是立「心即性、心即理」之易簡之道；一是立「義理人禽之辨」，以此樹立人之道德莊嚴恆久不可易之正道；一是立「德性之知引導見聞之知」，依此而破除為學瑣碎卑陋不見道體之弊。

南山先生此篇論文是一篇大文章，若無其儒家常道慧命的體證工夫和境界，則不可能明白徐復觀先生的思想與德行，當然則亦不可能明白陸象山的心學之智慧與道術。換言之，南山先生撰述此文，正應合了象山心學之典要，就是千百世以上及千百世以下，聖人之道既同，則人之本心亦皆不二。

南山先生青年時學成核能工程的尖端科學於北京師大，後來廈門，雖然是一位科學家亦是一位公務人士，但正如同中國傳統儒者，其剛健之心恆有活潑潑常惺惺之躍動，其心志如同武侯所言：「惻然有所感，揭然有所存」，故多年以來，如《大乘起信論》所說：「一心開二門」的雙元合一之法門，在「心生滅門」中的俗諦法中，南山先生治其科學而有成；在「心真如門」中的真諦法中，他則深厚敦篤高明地修持以儒家的德性之學。在儒家的工夫和境界中，生發一股沛然莫之能禦之力量，南山先生與一群有心有德之青年，在廈門創立了「廈門白鹿書院」，他們在此講學論道並且教化啟蒙後進，儼然有古儒在古書院教世人如何做聖人之風。我就是在數年之前於一個增上之良緣中，與內人黃麗生教授一起拜訪南山山長暨眾師友於廈門的白鹿書院，心中立即湧生數千年前大家都在孔子座下聽夫子教誨的奇妙感應，真是「以文會友，以友輔仁」也。

南山先生將論文集成，囑咐我撰寫一篇序文。拜讀其大作

宏文，深有啟悟，在我立大本建志心而研修聖賢之道的漫長大路上，南山先生之文，予我於工夫和境界的學習中，提供了智慧之德言。願廣大讀者亦可洗滌己心虔敬一讀之，必能於南山之書本和言說中獲得聖人之道。故敬撰序文。

　　　鵝湖、奉元弟子　　潘朝陽　　敬序於　臺北・天何言齋

　　　　　　　　　　　　　　　　丙申（2016）春分之期

XII 儒家工夫論

# 自 序

　　儒家工夫，大體上可以認為是歷代儒家在心性問題上的證入、體悟與實踐。這一條路脈，正是研究中國傳統思想文化的要途。

　　儒家工夫導源於孔子的「修己以敬」、「內自省」、「忠恕」，此為子思的「慎獨」、「致中和」、孟子的「存養」、「擴充四端」等工夫所繼承。此後雖有如唐代韓愈、李翱等人的有意識的繼而唱之，但要到了宋代，在禪宗的強烈影響下，自周敦頤、程明道以降，歷經宋明儒集約的努力，才勾勒出其基礎，並形成了先後默識而成的框架。由於與釋、道兩家在價值觀上的鴻溝，同時也是在技術上對兩家工夫的規避，一方面儒家的各位先儒先賢無意對儒家工夫進行系統性的整理和表述，另一方面是由於儒家心性工夫本身的特質，不應該、或者說不可能去作系統而清晰的敘述。這就是為什麼我們今天來看儒家工夫，總體上呈現出若有若無的狀態。因此，在說到儒家工夫的時候，應該瞭解到：心性的探索，本來就是中國文化發展的方向；既然探索的對象都是相同的，與釋、道兩家自然會有其重合面。若是基於這樣的認識，在今天看來，自然也無須刻意去回避。相反地，不就心性問題作一番探索和澄清，使得

學者可更清晰地求證於「本諸身，征諸庶民，考諸三王而不繆，建諸天地而不悖，質諸鬼神而無疑，百世以俟聖人而不惑」，進而宣導日寬，庶幾漸能裨益於世道人心，則，中國傳統文化之內核殘破、精神不彰。

特別應該看到，雖然濂洛關閩、程朱陸王的工夫所重各有其異，但他們不僅在學問宗旨上是完全一致的，而且在工夫實踐上也有可追尋的共同軌跡。為了簡化問題，我們姑且把儒家工夫途轍歸納為「性即理」與「心即理」兩種，而選擇朱熹為前者、陸象山為後者的代表。

此兩家之所同，同在一個「理」字。「此理本天所以與我，非由外鑠」，象山此語有二義：一者此理源於天，二者此理心中出。語雖出象山，而兩家對此大本的認識並無不同。所以，後人以「理學」與「心學」兩家區而別之，其實不太對，因為兩家的不同在「心」與「性」，不在「理」。但是在概念組織上似乎亦無更合適的選擇，說「心學」當然沒問題，說是「性學」就不成話了。

程朱一系主張「性即理」，他們對於「心」作了精微的分析。行為的善與惡，取決於動機，即「念」的善與惡，念發自心，心所以並不盡善。這個問題相當嚴重：人心可是不能不善的，孟子說「仁義禮智根於心」，又是天所賦予，怎麼會不善？況且，沒有在根本上無可置疑的善，人類怎麼能相信自己？再回到中國文明史的開頭去信神的「外鑠」的力量嗎？等等。所以，他們把「性」特別地提煉出來：性包括在心，並且是心的純善的部分，性中具備仁義禮智，叫「性則心之所具之

理」。至於惡的部分是不是性，那屬於另一問題。但是因性之純善，而可以相稱無愧於天所與我之理，是無疑的了。孟子當時，就是以「性善」來說「心善」；《中庸》開頭就說「天命之謂性」，而不說心；所以程朱說「性即理」，不能說他無根據。陸象山主張「心即理」，他說的「心」，只指已經經過了純化「本心」，沒有朱熹意中之心那麼複雜。他說：「人皆有是心，心皆具是理，心即理也」。那麼，「惡」哪裡來的？他就說：「昏氣惡習，乘懈而熾，喪其本心」。雖然朱子也有這看法，如他說：「人性本善而已，才墮入氣質中，便薰染得不好了」；但是朱子說「心」的時候，是說「心之全體」。而在象山那裡，清晰明快，性、心、情、才，沒有多少差別，他不作精細的區分。孟子說，此心之良，人所固有，只要保養灌漑，不去戕賊，就不會失去本心。所以象山說「心即理」，也自有其來源與道理。

　　兩家的共同點又可以進一步看出來。人的意念和行為都有不善的部分，所以學者問學，要把聖賢標準的人格養成放在首位，棄其不善，叫做：「立其大端」、「變化氣質」；儘管朱熹把這叫做「復其性」，而象山叫做「復其本心」，說的是一個意思。兩家做工夫的目的都是克去不善，最終都落實到人心。但在方法上，卻是大段不同。從工夫論的角度，朱陸之異同亦可以一言該之，曰：用何方法確保意念之善？鵝湖之會前，陸氏兄弟統一意見，其兄復齋的詩說：「古聖相傳只此心」；象山改了改：「斯人千古不磨心」。按復齋意思，認得聖人之心便是找到了我心；象山則說，正要由我心證成聖人之

心。但陸氏兄弟都認為今人之心與古聖賢之心相同，所以工夫要下在「發明本心」上。朱熹的和詩對此表示遺憾：「只愁說到無言處，不信人間有古今」。朱子認為聖人才能「極其心之全體而無不盡」，一般人不行，現在的人更不行，所以要學聖人，聖人的教導就在書裡，所以要經由「讀書」來「窮理」；當然，這「理」是指的天理，就是本心和性。

但是，如果我們誤認為朱陸兩家各自只在一頭做工夫，那就大錯特錯了。象山的工夫扣住兩頭，經由「辨志」即「義利之辨」，來實現「復其本心」，這就是：「有志於道者，當造次必於是，顛沛必於是，凡動容周旋，應事接物，讀書考古，或動或靜，莫不在是」。朱子的工夫，同樣是扣住兩頭，「涵養須用敬，進學在致知」，這就是：「只如而今，貪利祿而不貪道義，要作貴人而不要作好人，皆是志不立之病。直須反復思量，究見病痛起處，勇猛奮躍，不復作此等人，一躍躍出，見得聖賢所說千言萬語，都無一事不是實語，方始立得此志。就此積累工夫，迤邐向上去，大有事在」。

今天我們作此探索，其意乃在有益於自家身心。即便在萬般無奈之中，而終見有此一「奈」，此亦中國儒家傳統文化的生命力之頑強的一證。徐復觀先生有一番話道得盡，今恭錄於次：

> 內在精神世界由功夫加以開拓的結果，是「致廣大而盡精微，極高明而道中庸」；使人現實的生活，可以得到更充實，更豐富，更健康，更和樂；且要使其具體實現

於個人力量所及之地，使外在世界，由此內在世界而加以建立，加以價值的轉換。（《徐復觀文存》學生書局 1991 年版，頁 116-7）

　　拙稿將付剞劂，感謝學生書局願意給予刊布的機會，而能經學生書局出版令我倍感榮幸！尤其要在此向鵝湖月刊社社長潘朝陽教授謹致以深深的感謝！他不僅抽出時間和精力讀完拙稿，並慨然應允為此書作序，而沒有他攜稿向學生書局推介，我不會有這樣的機會。這一切深厚的助緣和情誼，倘非克盡向道之誠，又曷可回報於萬一哉！

2015-07-30 於廈門又一日矣齋
2016-07-30 補筆於素里習善堂

# 儒家工夫論

# 目　次

讀《儒家工夫論》序……………………潘朝陽　I

自　序……………………………………………XIII

未做工夫慎言儒……………………………………　1

走出殿堂　知行合一………………………………　5

立信說………………………………………………　9

漫談儒家信仰………………………………………　15

錢賓四先生對儒家文化傳統的最大貢獻之我見……　21

孟子：工夫三說……………………………………　63

朱子之由「牧齋」到「困學」……………………　69

朱子參證儒家工夫之始末…………………………　93

象山之「本心」與「辨志」………………………　119

讀復觀先生《象山學述》書後……………………　127

論「未發已發」……………………………………　169

由船山之說《中庸》而見其工夫論之結構…………　179

附錄：

花落花開──儒家教育權的明天 ………………………… 221

# 未做工夫慎言儒

　　中國經濟的成長，可以為人類社會的未來作出貢獻，這已經或多或少成為東西方的共同認識；中國文化的再生，可以為人類社會作出應有的貢獻，這在中國自身和中國以外、華人自身和華人以外，都還遠未有趨近的認同。這樣的巨大反差，以及由此漸漸滲透出來的憂患焦慮，正日益嚴重地瀰漫在中國社會的各個角落和層面。

　　文化是歷史的積澱。我們說中國文化，便是說中國歷史文化，便是說中國傳統文化；舍歷史與傳統而欲新創中國文化的任何努力，非唯入海算沙、成功無日，恐其反為禍亂國家之根苗，更無與於世界各民族文化的互補共存之道。

　　本世紀以來興起的所謂「儒學熱」，相當程度上可以認為出於生活在中國大陸的華人，對於尋求民族文化認同感的迫切需要。如果撤去「發展旅遊」或者「文化搭台經濟唱戲」一類的功利計慮和裝裱粉飾，在學術上對儒家思想在「奇劫巨變」之後的走向的思考，大概還處於缺乏切實認知而僅僅揣摩前人的階段；在思潮上尤未能形成儒家學說在今日的「知」與「行」、自省與實踐。究其原因，端在於今日中國的文化學者，多不真正瞭解中國傳統思想的實踐特徵。自孔子以降，諸

子百家之說，莫不見其自身之反躬力行，而與西方人之哲學思辨者迥異。乃今日之言孔孟者，熙熙攘攘、天花亂墜，問其心則斯之未能信，觀其行則動輒與言乖。於是常見有眾多遊走在各地、各界的時尚「國學家」，演講著自己也未必信未必行的、卻常要號召聽眾「共同來」復活的「中國文化」。若是這麼著可以見效而久長，就真是沒天理了。不能取信於人，便不能深入人心；儒學之未能取信於人，並非儒學自身的缺陷，而在於講儒學的人不能取信於人。宣揚者自己不實行，甚至並不準備去實行，這樣的儒學，實不如佛家中最淺近的話語來得可信。持戒禮佛，莫非實行，他自己做著，他自己信著，豈是不信不行的流行「國學家」可望其項背的？「人能弘道，非道弘人」，豈不信而有征！

　　但是這裡有一分界，不一定儒學的講演者，都必須是實行者，他可以是個儒家思想的研究者、愛好者，卻不必須是儒家。那麼，他介紹儒學思想，乃在說著與自己身心並不相干的話題，則自然不會有「復興」的熱誠。即使採取如此冷靜的立場，此類儒學思想研究者對於儒學的瞭解程度，依然是可疑的。中國學術思想，皆本一心為其出發點，孔子之「朝聞夕死」「性與天道」、《中庸》之「戒懼慎獨」「未發已發」、孟子之「夜氣」「集義」「盡性知天」、《大學》之「格致誠正修齊治平」，學者欲究其指歸，倘未經真修實悟，便常辜負聰明睿智而落入瞎猜。故欲知得一分，還須行得一分；既已行得一分，方謂知得一分；知一分行一分，才得信一分。「學問必兼性情」，在這種地方，便見得是治中國學問的箴言。

　　基於對儒家思想的如下瞭解，我們白鹿書院諸同道願意奉儒家思想為信仰：儒家思想啟人以自覺的道德實踐活動，可以滿足人類的精神需求；儒家思想指示出「仁」的成己成物的要求和責任感，乃為促進人群和睦、社會和諧的大道；儒家思想有其獨立存在的價值，而無須附麗於任何政治經濟制度；儒家思想本質上不排斥任何人類的優秀思想成果；儒家思想在今日，可以促成廣泛的認知活動，尤其與自然科學的發展不處於對立位置。

　　我們將依照研習儒家思想的途轍，廣泛地汲取各方面的知識，努力增進人格養成，以無負於我們的時代。

　　　　　　　　　　為《白鹿學刊》所作　發刊辭稿

　　　　　　　　　　2011-10-17

# 走出殿堂　知行合一

　　題目是兩句話。請先說明第一句：走出殿堂。

　　就儒學的總體境地說，上個世紀以來最意味深長的一件事是：佛學走出她的殿堂了，她走向人間；儒學反而退入了殿堂，後來，她脫離了人間自己在修煉。儒學本說的是人間事，格致誠正修齊治平、君臣父子夫婦兄弟朋友、忠孝仁愛禮義廉恥，現在大體都在書齋裏或講堂上講論著，研究再研究。研究的那些，和老百姓沒啥關係，也沒準備說給芸芸眾生聽，一般人也聽不進去，於是許多人去廟裏聽了。聽著未結過婚的佛子們高談夫妻有別、沒生養過孩子的比丘尼論親子相處、不能親報跪乳之恩僧眾的講孝悌之道；固然道理相通，總歸真切稍遜，就像是荒年充饑不論五穀。儒學究竟有沒有獨立於政治制度、經濟制度之外的存在價值？如果說沒有，我相信有眾多的專家學者們不能同意；如果說有，那麼，在說著「民治的原則在孟子中已可看出其端緒」、「從理性之運用表現直接推不出架構表現來」的同時，可不可以看看閭巷之間對於儒學有什麼切實的需求呢？要說儒學的獨立價值，我以為能解人生之惑才是最大的獨立價值，而民主科學天下國家等等憂思解索，在今日，似乎可以小退一步。當然，我堅信，儒學的滋養終究導人

以家國之思。但孔子當時，言好學為「不遷怒、不貳過」；言志為「老安少懷」；言仁為「居處恭，執事敬，與人忠」；言孝為「色難」；皆莫非人人可行的身邊事，在今日亦皆當有新的關聯傳播。至於心性之學，尤其需要簡明易行的套路。先莫說我們的傳統文化能給明日的人類有何貢獻，先將自己的不知多少億懵懂人救出來為上計。

　　賓四先生喜說一故事：「嘗憶民國十七八年間，曾漫步至蘇州西南郊外天平山一佛寺。其方丈乃無錫同鄉，告余，年過四十，有妻室，有子女。忽決心出家為僧。一夕，到此山，愛其林樹叢草，遂終夜坐山頂敲木魚。山下農家聞之，晨來尋看，給以食物。如是積月，來者益眾。供給食物外，並為蓋一草篷。於是積年不去，始終在山頂，長敲木魚度夜。遠方聞風來捐助，乃成此寺，正在擴建中。佛像香案，規模儼然。此山乃不啻為此僧占了。此僧不為私，不為名利，並亦不為衣食。世俗人慕之，乃群策群力，共辟此山，共創此寺。」臺灣海洋大學的黃麗生教授也對我說起一則故事。不久前，她與大陸某高校一教授言及儒學前途，該教授謂：我們是不行了，你們可千萬頂住啊！山僧無言，卻得世俗尊信供養，成為開山祖師。為什麼呢？因為山僧自己有信仰。何以見得？因為他自己在修行、長敲木魚度夜。見了這等人，人自然敬他信他。而許多說要復興儒學的人，自己並不尊信儒家思想、並不尊行儒家教導，比較佛門豪傑，恰如朱子所謂：「你平生所讀許多書，許多記誦文章，所藉以為取利祿聲名之計者，到這裏都靠不得了，所以被他降下。」自己都不信，指望別人聽我言而信，你

騙誰！在心自己不信，出口人家不信，儒家思想可以成為信仰的資源嗎？如果可以只用邏輯推導、紙面文章來構成儒學的知識，則孔子對於儒學是完全無知了。換句話說，未行（未信未用）是因為未知。謹此說明第二句話。

　　走向大眾，身體力行，是「人能弘道，非道弘人」。

2011-11-18

注：此文發表於《鵝湖》2012 年 2 月號

# 立信說

　　明賀醫閭先生說：「今之讀書者，只是不信，故一無所得。」

　　這話可作兩層看：一層是，讀書人不信書裡頭說的道理，自然也談不上按書中說的去做。中國傳統學問不同於現在的數、理、化，也不同於現在的文、史、哲，是「人格學問」，核心上講的是培養道德、完善人格的道理和實踐，仁義禮智信。說著這學問有多麼多麼好，祖宗傳下來的寶貝，但自己卻不做，那你講這套學問，真不如去講摩托車修理來得真實。再一層，中國學問是要去實行的，「自天子至於庶人，壹是皆以修身為本」，讀書人說一套做一套，那這讀書人是讀懂了沒有呢？他的學問值得懷疑，事實說明他讀了一輩子也沒有讀懂：「故一無所得」，書全白讀了。只有看到這一層，才能理解陸象山何以會說：「諸處方曉曉談學問時，吾在此多與後生說人品」。

　　信，是信仰，是服膺並且奉行。立信，確立儒家信仰，對於讀書人有特別的困難之處。儒家的學問，在過去，常常和技能訓練聯繫在一起，是可以不必要與信仰掛鉤的；譬如作時文、考科舉、取功名，是不需要有信仰的。若要「信」，就格

外要有精神追求、有自律能力和救世情懷；常有人說儒家屬於精英階層，若是從這點來觀察的話，似乎說得還對。從孔子的時代到孟子的時代，「智、仁、勇」三者常連在一起說，孟子稱為「三達德」。後來的人改將仁放在第一，仁智勇，其實是不必要的，有誤解。孔子說：「擇不處仁，焉得知」，是說要選擇仁，去求仁得仁，需要有智慧，沒有智慧，就走不上仁者的路；那麼智當然需要在仁之先。所以，儒家信仰，不是讀了儒書自然而然地就會形成的，它需要有選擇的智慧和覺悟的能力。佛家不同，淨土念「南無阿彌陀佛」，就是信了，信阿彌陀佛救你往生樂土快速成佛；否則才不去幹這無聊事。和尚說「自性迷，即是眾生；自性覺，即是佛」，不是講了道理，是他自己在實行，吃齋念佛晨鐘暮鼓，能不信嗎？他真的在做。佛家是不講道理的，他不需要講道理，柔柔的教你幾招躲開紅塵的妙法，你就信了。儒家不行，他只重在人世間的存在，便不能不硬生生地面對種種苦難，越覺悟就越沉重；所以有很多的讚美，就落在「隱士」們的事蹟上，這也算提供了一種逃避的方法。但是儒家的高蹈並不是獨善其身，而是「邦無道則可卷而懷之」，他們懷抱著留給後世的「道」，否則就算不上「高蹈」。正因為建立儒家真實信仰的這種種的難，就有一代又一代的「讀書者」，選擇和統治者合作、向體制投降、與黑暗合汙，這當然是比較容易得到輕鬆和當身快樂的回報的。

　　如果說儒家信仰在中國過去不容易敷榮，則在今天似乎更難生發。在中國過去，還有大環境裏挾著，國家制度、宗廟祠堂、鄉規民約，讀書人儘管內心不真的服膺，口頭上並不敢公

然反對，行為上還須大體奉行；這樣，他們還是可以在宗祠鄉里找到自己人生合適的收場。今天的情況大不相同了。我們如果在今天失去信仰，卻無法像過去的中國人那樣，那麼現成地有個地方收容我們的終極未來，因此而呈現出精神家園，而支撐起自己的人生。說我們今天的信仰稀缺為中國古來所罕有，應該是可以成立的；所以我們今天的信仰需求之迫切，也迫使我們不斷地審視和回歸儒家信仰。儒家沒有發展成為宗教。儒家信仰不是宗教信仰。有什麼不同呢？孔子會說：「朝聞道夕死可矣」，如果他老人家沿著這種講法教學生，最後他就成宗教家了；但孔子卻又說：「未知生，焉知死」，「不能事人，焉能事鬼」，他把超越的覺悟落實到了人間。正如美國人房龍的評說：「孔子是唯一一位一直將眼光牢牢盯在那塊他非常熟悉的土地上的人」。但是，我們切莫忽視了由孔孟而來的儒家有著「天命之謂性」的覺悟，他們指出的道路是：經由修養工夫使得人心呈現其本來面目，而能流注於日用常行；「仁義禮智根於心」。

　　如果我們同意，人生的價值不是源自於神、絕對精神，或者是別的外在的東西，那麼儒家信仰當然是一個好的選擇，而且是不可多得、機緣湊巧的選擇。前面說過，確立儒家信仰不易，但是，在我們今天，卻因著信仰資源的稀缺和安生立命的緊迫，或者反較過去顯出了易的一面。這易的一面，還因著儒家對於道德的根源在於人心的教導，而能給予願意遵從的大眾以信心。因為儒家追求的價值是內源性的，不向外尋求，也不依賴於外部條件，所以是自足的、現成的、當下的。孔子說：

「我欲仁，斯仁至矣」，仁的境界這麼高，卻當下可以呈現，就是明顯的例子。儒家的信仰，在今天，當屬於「應信」和「易信」；有三種「信」，反求內心，即可立信，今天把這個秘密和大家分享。

第一是信「己」。相信自己，相信自己的天性具備一切美德，不需要依賴外來的神通；不靠天、不靠地、不靠上帝、不靠菩薩、不靠黨、不靠群眾，一句話，孟子說的「非由外鑠」。所以我們要時時告訴自己：經由「修己以敬」，我們能夠變化氣質，能夠克服生理欲望帶給我們的制約，臻至人格的完善，成聖成賢。

第二是信「善」。相信人性善。我們相信天地間是善的力量才使得春暖花開萬物生長，人的天性得自於天所以無不善。人心有所不善，只是被身體的欲望所驅使，而不是人的本性缺乏善、不能善。不信人心之善，將最終無法相信人類，無法相信天道，無法相信自己，這樣的生命將墜入深淵無路回轉。「性相近也」，惡不能使人相近，使人相近的只能是善。依憑心中這一點善，人心相通於四維古今。信善給我們帶來一片光明世界，即使在艱難困苦中，也必帶來溫暖慰籍。

第三是信「化」。相信天地化育之功。天地間的萬事萬物本應該是自然而然的、無不合理的；但是因為私欲摻乎其間，而變得不自然、變得畸形、變得不合人性；因此也不合天地之性，破壞了天地化育之功。不管這私欲是怎麼表達出來的，是個人的、群體的、明火執仗的、或偷偷摸摸的，它終究要被大公所代替。只要你一個轉念，不以名利的私心來決定自己的好

惡取捨，這就是「我欲仁，斯仁至矣」，「盡人之性，則能盡物之性」，是贊天地之化育。這就是養浩然之氣，就是偉丈夫堂堂正正立於天地之間。

為廈門白鹿書院成立儀式演講而作

2015/1/8

# 漫談儒家信仰

　　大約十年前的一個夏天的深夜，朋友的電話掛到了我家裡。他的聲音繃得緊緊的，像是被踩著了脖子：我很害怕、我也不知道為什麼、我不想從陽台跳下去、就有什麼一直拖我到陽台、我不想死……。我嘴裡和他聊著，一串又一串的念頭從我腦子裡飛快地閃過，最後我說：明天去買幾盆大的仙人球，擺在陽台上，再去廟裡請部經書，最好是心經，啥時候心裡不安靜了就讀幾遍……。掛斷電話，我琢磨自己為什麼會這麼說，而我真正想告訴他的卻沒說出來？如果告訴他「至誠如神」，急切之中禍福交戰的他，怎麼能信？未能信，解決不了問題；未能摒除利害計較，走不近儒家。然而幾天後，他說，謝謝，現在好多了。再幾天後，我看他的進退出處，依然素散亂行乎散亂。後來他也沒有再出現類似情況。但每見到他，我心惴惴覺得似乎誤了他了。

　　大約五年前的一個煙雨繞身的春日，在杭州西湖邊和一位畫家教授聊天。那陣子他該正畫著許多笑嘻嘻的菩薩法相，而喜談心性、言佛老無為。我說，儒家也重心性、比道家更早提出無為。他說，好像好多人都不知道啊。

　　去年在依然茂綠的秋初的南方參加朱子研討會。因我還別

有著有時繁雜的工作，一夕閒談中，有人謂我：真不容易，還有興趣研究這個。我率爾答：不是研究，是信仰。不料，一時舉座默然。這件事，就此一再撩撥著在我心裡徘徊了許多年的疑團。

今日中國最值得玩味的現象，是無數的人在講解儒家的舊章，甚或以此為發國難財的法門；而同時，講的人卻始終只是講口頭學問、紙上文章，似乎並不認為儒家思想（特別是先秦的儒家思想）是以反求諸己為先的。所以講歸講，究竟與講的人自家身心沒啥關係。換句話說，現今狠講國學復興的人們，似乎並不準備尊崇並且奉行儒家的思想，他們至多只是研究者而不是儒家，而且拿不太靠得住的「儒家思想」加以評說，批判性地。特別逗樂的是此行中的學者名家，或憂心忡忡或嘻嘻哈哈地談社會風氣、談孩子們的國學不熱而家長熱、談儒學復興的限定性、談朱陸異同，就像是談論靠近火星的事情，其誠懇的程度還不如趙忠祥述說動物世界。你們自己都不信，卻要別人信？

要信仰儒家，先要有儒家信仰。有儒家信仰這一說嗎？我確實沒有見過作為專有名詞提出來加以探討或闡述的有力文章。當今的人不用說了：個別的說了吧，不太靠譜；更多的人（特別是吃國學飯的人），說到儒家就像有點兒擔心每天必整的被窩裡蹦出一群癩蛤蟆來，腦子裡怎麼也拎不出「信仰」二字來掛鉤。前輩的許多學者，我覺得是出於謹慎的道德責任感和學術良心，沒這麼說，儘管儒家信仰一詞已經呼之欲出。舉例說，余英時評論錢賓四道：「儒家對於錢先生而言，並不是一

種歷史上的陳跡，公供以客觀研究的對象。更重要的，儒家是他終身尊奉的人生信仰」。但錢先生本人，只說到：「『性善』這一番理論，可以說是哲學，亦可以說是宗教信仰，……話雖淺，但這是我個人的信仰」、「我們從這一個大理論大信仰之下，來簡單講周公和孔、孟。這套理論與信仰……」、「性之善，心之靈，此是中國人對人生之兩大認識，亦可說是兩大信仰」、「人性善，人皆可以為堯舜，此乃中國人文教之信仰中心」。我還疑心持這樣的嚴謹態度也是為的避免起哄。因起哄而終結的例子是：1912 年的孔教會要「孔子配上帝」（康有為的話）以改名孔學會收場；1923 年的科玄論戰以主張科學代替不了人生觀的張君勱們背上一個「玄學鬼」的惡名收場。民國初年思想界的複雜局面總是鬧得人後怕，五穀不收然後草根樹皮猛漲價。到如今就更奇怪了，一聽說信仰，便問道：你信主嗎？你拜拜嗎？信仰二字遂成宗教專利，只有信仰上帝和菩薩才配堂堂正正說出「信仰」二字來似地。真是奇怪，中國人像是沒有自己民族的信仰，納悶這夥人的三五千年就這麼糊裡糊塗混過來了？這就是我心裡的疑團，被它繞來繞去實在是不舒服，就琢磨著，儒家夠不夠中國人信，或者說，儒家思想在當下能不能自足而支撐中國人的信仰。

　　研究者們比較一致的看法大體是：儒家思想高度依存於古代政治制度（特別是明清兩代的專制政治），現在革命成功了，四個現代化也快實現了，儒家思想已無存身之地。科舉制都沒了，拿什麼來復興儒學！這麼想，也有問題，經濟快速增長的中國並沒有成為西方式的社會（這是美國比較鬱悶的事情），中國人還

是中國人。到了抗洪救災，特別提出「發揚傳統美德」來宣傳，「忠孝、仁愛、信義、和平」還是臺北的四條大道，可見中國人不得不宣傳儒家思想（常常羞答答地）。這麼說來，儒家思想的存在，可以並不依存於古代政治制度。換言之，**儒家思想有其獨立的、不依附於政治制度的地位**。這由出現了大量學者遍地開花的時裝秀似的講儒學，可以反證。如果這一點可以成立，那麼，脫離了長期戕害他的古代政治制度（指的是秦漢以後），儒家思想可以在今天存在。這對儒家思想反而是好事啊！套用個俗套來舉例：儒家思想好比澡盆中的嬰兒，兩千年來的政治制度則如洗澡水，當然不能把洗澡水連同嬰兒一起潑出去，更不能把嬰兒丟出去而只要洗澡水。

　　一個人要信仰某種思想，先要有願，然後才去尋找能了其願的思想。就我看，人類有三大願：第一大願是要知道怎麼判斷人生的價值，或者說人生價值的根源在哪裡。如果找不到人生價值的根源，人就失去了基本的立足點，沒有方向、沒有力量、沒有恒心、沒有歸宿。比如說「人之初，性本善」，有人卻說「我是在罪孽裡生的，在我母親懷胎的時候，就有了罪」，又有的說「此世為善，非於他世，故不名善」，怎麼辦？不是亂了套了嘛。不過不要緊，儒家思想提供了人生價值的道德判斷。道德判斷不是神的判斷、不是外在的絕對精神之類的判斷，而是源自於每個人自己的「心」的判斷。你是人嗎？是。活在世上人品貴重好嗎？好。仁義禮智是貴重的品格吧？當然。那麼，人的天性就根植著仁義禮智，你從自己的心裡把他們找回來吧。完了。第二大願是要和他人和諧共處。家

人、親戚、鄰居、同學、老師、同事、上下級、官員、一把手，都算。怎麼處理？孔子說了五個字：「修己以安人」。修己是從找回仁義禮智之心開始，做個像樣的人；安人是看看和你在一起的人，安不安。就這一個標準？就這一個。這麼簡單？不簡單。成家了，配偶安；工作了，同事安；當老闆，員工安；容易嗎？第三大願是生死大關。大限到來，看看兒孫繞膝、裝修得這麼漂亮的房子，真是心不甘。再說，也不知道哪去的是什麼地方，孑然一身連個交通工具都沒有就被拋到外太空了似的，怎麼不滿心惶恐！但是在儒家信仰裡，你永遠不會是孤獨的，因為儒家教導你修煉你的心，擺脫個人可憐的一己，孝悌忠信仁義禮智，而通曉人類大群的意志。當你活著的時候，同時有你的心活在人群中，這是死神奪不走的；孔子、孟子、你所敬仰的往聖先賢（還有列祖列宗）早就與你朝夕相處，死亡當然也無法改變接續千古的歷史文化之心。一句話，你活著的時候就活在了永恆裡、活在了天堂上。

　　儒家信仰的獨立性被古代政治制度掩蔽了，這不好處卻帶著個明顯的好處：容易取信。生活在那樣的環境裡，自然而然就信了，像是中國人吃飯自然而然抓筷子。這在中國今天，就要難得多了。但我們看實踐，要建立真信實信，也不是容易的事情。慧能和尚說：「一悟即至佛地」，說得也容易，而朱熹論道：佛法至禪而大壞。王陽明門下的「滿街都是聖人」，也有頓悟意思在，而黃梨洲論道：後來門下各以意見攙和，說玄說妙，幾同射覆（和猜謎似的）。慧能和陽明說出的這些話，他們自己是經歷過千回百折、從九死一生中得來，後人讀這些話

的時候卻把大段工夫輕輕放過了。這大段工夫，就是「行」，要去修、要去做。通過「行」而增加「信」。明朝東林領袖高忠憲「如電光一閃，透體通明」的大悟之後，過了十三年，才說出「方實信孟子『性善』之旨」。大體說，宗教容易立信，因為信在外，上天堂還是下地獄？成佛還是成惡鬼？一聽就有畏懼。儒家信仰建立在自己本心，信在內，要立竿見影是不容易的。這就是為什麼我在一開頭說的故事裡，遲遲疑疑的原因所在。

2011-5-26

# 錢賓四先生對儒家文化傳統的
# 最大貢獻之我見

## 一、

　　中國儒家的道德理性，足以解決困惑人類社會的「生與死」的問題。錢賓四先生系統研究並抉發了中國儒家對此的思考，進而提出了他自己獨到的觀點。我認為，這是錢先生對儒家文化傳統的最大貢獻，這基於以下兩點考量：

　　第一、錢先生認為：「人生最大問題，其實不在生的問題，而實是『死』的問題。凡所謂人生哲學人生觀，質言之，都不過要解答此一『死』的問題而已」（《靈魂與心》臺北聯經，2000 版，頁 23，1943 年作，時年 49）。「人生有兩大限：一為人我之限，一為生死之限。人生一切痛苦，則全從此兩大限生」（《人生十論》廣西師大出版社，2004 版，頁 50，1952 年作，時年 58）。「人生有死，此乃人類唯一大事，即釋迦、耶穌、孔子所欲格之唯一重要之物。」（《晚學盲言》廣西師大出版社，2004 版，頁 351；此書 1986 年完成，時年 92）

　　錢氏中年以後三個時間段對生與死問題的思考，皆以解決

生死的困惑，為人類最重大的問題；先生對此最重大問題作出了系統思考和理論解決並指點要妙，若推許為其最大的貢獻，似尚無辱於先生。

第二、自清中葉以降，儒家思想漸漸失去了社會教育權（特別是儒家學者施之於民間的教育教化作用），佛教漸漸起而代之。臺灣自上世紀六十、七十年代開始（我以法鼓山、佛光山、慈濟功德會的創設為標誌），佛教以社會關懷為標誌、對社會的教化作用漸成主流，而日見其盛。儒家思想在一九四九年以前的大陸和其後的臺灣，可用「不絕如縷」來形容；近二十餘年，陸續有學者試圖重拾儒家失落的社會教育權（我以臺灣德簡書院、日月書院等民間書院的興辦為標誌），而亦漸有其影響力。在大陸，由民間力量（包括宗教和學界）來試圖影響社會教育權的，似乎還說不上。佛教之所以可能掌握社會教育權，排除行政權力的影響來說，根本點在於佛教幫助人們克服對於死亡的恐懼，進而相信人類之生對於其死，所能夠擁有的唯一意義，這樣就可以指導人們的行為。在中國傳統的農業社會裡，儒家已經成功地通過孝道教育、宗祠、祭祀等組織方式和官辦民辦教育、文學藝術的教化方式，使得人們相信死後的歸宿。所以在種種教化途徑中，死的問題，並沒有特別提出探討和教育的必要，儒家先師們對於心靈的親切指點，也並不嚴重說明這一部分。老派的中國人的大限來臨，他們會說：我去陪伴先人去了！不濟如阿Q，也喊一聲：過二十年又是一條好漢。當我們走進了近代社會、現代社會，怎麼面對死亡的問題，不再是自然而然就解決了的，除了宗教一途，儒家思想，似乎早已經完全幫不上忙。

這個問題很嚴重。缺乏對於死的指點，則對於生的指點就成了可有可無之物。這個問題不解決，儒家的「社會教育權」始終是疲弱的，而「儒學復興」，也只能是傳說。隨著經濟社會發展，這個問題會愈加突出和急迫。如果以上的觀察大致是對的，那麼，錢先生關於生命和不朽的思想，確然是當今具有最重要意義的思想，錢先生的此一貢獻，確然是對儒家文化傳統、乃至於對中國思想文化的最大貢獻。

## 二、

賓四先生對於生死問題的探索，始於 1942 年，時年四十八歲。錢氏謂：「有一題，題名〈論古代對於鬼魂及葬祭之觀念〉，其時餘新喪母，又道途遠隔，未能親奉葬祭之禮，乃涉筆偶及於此」（《靈魂與心》自序）。此文中乃就中西鬼神魂魄觀念的異同作了初步的討論，亦屬錢氏從事於中西文化比較研究之初期。同年又作〈中國民族之宗教信仰〉一文，提出了儒家文化傳統以「解脫小我有限生命之苦惱，而使之得融入大群無限生命之中」，從而解決延續一己生命的渴望。此種解決之道在中國社會的實行，首在於儒家的以孝道教人：

> 宗教起源，大率本於人類自感其生命之渺小，而意想有一大力者為之主宰。今孔門教孝，人類渺小之生命，已融為大群無限之生命，其主宰即在**自我方寸之靈覺**。
>
> （《靈魂與心》臺北聯經 2000 版，頁 39，作於 1942 年，時年 48。）

又謂：

> 人類生命之延續與擴展，必本于父母兄弟以為證，故孔
> 門言仁，亦首重孝弟。孝弟即仁，亦即人類對其大群無
> 限生命之一種敏覺與靈感。換辭言之，即人類對無限生
> 命之一種自覺也。此無限生命之自覺，亦謂之性。故孝
> 者，實人類之天性。何以謂之性，以其為大群無限生命
> 之主宰與靈魂故，故不謂之心而謂之性。何以謂之天
> 性，以大群無限生命之主宰與靈魂故，不可以小我個己
> 之文辭言說形容之，故不曰人性而曰天性。此種天性，
> 對父母而發露謂之孝。此種發露，只感生命之無限，早
> 已泯群我，通天人。雖由父母而流露，卻非為父母而
> 發。……儒家教孝，最重葬祭。……若以局限於小我有
> 限生命者論之，則所祭已死，其果有鬼神與否，其鬼神
> 之果來享祭與否，皆不可知。然祭者則猶生，若以超出
> 於小我有限之生命者論之，則此祭者內心一片無限生命
> 之敏覺，固已通生死而一之。故父母生命之延續與否，
> 於何證之，亦證之於孝子臨葬臨祭之一番敏覺與靈感。
> 既知祭之所重在祭者不在所祭，則孝之所重，亦在孝
> 者，而不在所孝。義本一貫，例類易明。（《靈魂與心》
> 臺北聯經，2000 版，頁 38-9）

在上引兩段話裡，特別應予重視的是，本於「自我方
寸」，即本於每一人之內心的努力，也即人人可以在有生之日

通過孝的實踐與證悟，來實現自我生命的延續和不朽。當然，
這裡的不朽還重在言經由家族的延續，證悟自身生命在大群的
延續。下一段話，則重在從文化史的角度進行觀察：

> 孔門論學有二大幹，曰禮，曰仁。禮即承襲古宗教一種
> 有等衰有秩序之體系，而仁則為孔子之新創。蓋即指人
> 類內心之超乎小我個己之私而有以合於大群體之一種真
> 情，亦可謂是一種群己融洽之本性的靈覺。人類惟此始
> 可以泯群我之限，亦惟此始可以通天人之際。蓋小己之
> 生命有限，大群之生命無限。小己有限之生命謂之大，
> 大群無限之生命謂之天。使人解脫小己有限生命之纏縛
> 而融入此大群無限之生命者，莫如即以生命為證，而使
> 之先有所曉悟。……故中國古代之以祖配天，以宗廟祭
> 祀為人事最大之典禮，為政治宗教最高精神之所寄託而
> 維繫者，夫亦曰惟此可以解脫小我有限生命之苦惱，而
> 使之得融入大群無限生命之中，泯群己，通天人，使人
> 生得其安慰，亦使人生得其希望。人之所賴於宗教與政
> 治者，主要惟此則已。（《靈魂與心》臺北聯經，2000 版，頁
> 36-7）

至此，錢氏對於生死問題所考慮的大關節已基本具備，誠
如作於 1975 年的《靈魂與心》序言所說：「對此大問題之大
觀點，則三十四年實無大改進」（錢氏時年八十一歲）。其要在於
數點：(1)孔子之仁，其意為「群己融洽之本性的靈覺」。這

種說法，探及了儒家之所謂「仁」的根源性，是人人本具的。錢氏論仁，終無大改易，而其所以無大改易，亦於此可以揣量窺入。(2)中國人宗廟祭祀之重要性，乃在於其安慰人生的宗教性；此亦前引之「重在孝者而不在所孝」。這就解釋了儒家得以從道德立場解決生死問題的普遍性，是人人可行的。(3)小我融入大群，從而獲得無限生命；這是血緣的，更是文化的，即心的相通。由此，一己生命之與上下古今，靡不貫通。(4)在「以生命為證」的過程中，因為「泯群己，通天人」的感覺不斷發生，則於現實人生，自有其協調融和的作用。

其次年，1943 年，錢氏撰〈孔子與心教〉一文，對此一問題從概念上進行了提煉，明確提出了儒家文化傳統上對於「人生最大問題」與「人生價值問題」的看法：

> 人生最大問題，其實不在生的問題，而實是「死」的問題。凡所謂人生哲學人生觀，質言之，都不過**要解答此一「死」的問題**而已。若此問題不獲解答，試問人生數十寒暑，如電光石火，瞬息即逝。其價值安在？其意義又安在？人皆有死，而人心裡皆有一個共同的傾向與要求，即如何而能不死，不朽與永生是也。……人生的又一問題是「我」的問題。無我則人生問題無著落。所以人生問題扼要說，也可說是「我生」的問題。然因人類有我見，而使人類都不免有自封自限自私自利的習性，因而人我之間不能不有隔閡，有激蕩，遂不能不相分離，相衝突，由此而招致社會之不安。人類為防止此

種不安，而有正義、自由與法律。……但我們禁不住要
問：若人生相與，僅有此等正義、自由與法律，則人與
人間全成隔膜，全成敵體，試問人生價值又何在，其意
義又何在，再以何者來安慰此孤零破碎漠不相關的人生
呢？（《靈魂與心》臺北聯經 2000 版，頁 23-4）

　　死與生，是縮合在一起的問題，或者說是一個問題的兩個
視角；要解決死的問題，便要解決生的問題。此生的問題，是
伴隨人類的相互隔閡而來的；其解決之道，亦依仁的根源性與
實行的普遍可能性而展現出光明：

中國人也希望不朽，但中國人的不朽觀念和西方的不
同。左傳裡載叔孫豹之言，謂不朽有三：立德立功立言
是也。此三種不朽都屬於現實，仍都在人生現實社會
裡。可以說人生的不朽，**仍在這個社會之內，而不在
這個社會之外**。因此中國人可以不信有靈魂而仍獲有
人生之不朽。我之不朽，既仍在這個社會裡，則社會與
我按實非二。孔子論語裡所常提起的仁的境界，即由此
建立。**在仁的境界之內，人類一切自私自利之心不復
存在，而人我問題亦連帶解決。**
從事宗教生活者，必須求知上帝的意旨。求三不朽現世
生活者，必須求知人群的意旨。我們不妨說，中國人的
上帝即是人類大群。人能解脫小我私人的隔膜與封蔽，
而通曉人類大群意志者，即可說他已經直接與上帝相

通，已經進了天國。**此種內心境界，中國儒家即謂之
仁。**……**人到了仁的境界，則死生彼我問題，均連帶
獲得解決。**（《靈魂與心》臺北聯經，2000 版，頁 25）

此種內心境界，畢竟不易把捉，還需要有更切實的可視
點；錢氏由是提出了「肉體心」與「文化心」的不同：

> 中國人看心，雖為人身肉體之一機能，而其境界則可以
> 超乎肉體。……中國人所謂心者，並不專指**肉體心**，並
> 不封蔽在各各小我自體之內，而實存在於人與人之間。
> 哀樂相關，痛癢相切，中國人稱此種心為道心，以示別
> 于人心。現在我們可以稱此種心為**文化心**。所謂文化心
> 者，因此種境界由人類文化演進陶冶而成。（《靈魂與
> 心》臺北聯經，2000 版，頁 26-27）

> 所謂人生之不朽與永生，亦當在心的生命方面求之，即
> 人類大群公心的不斷生命中求之。此人類大群的公心，
> 有其不斷的生命者，即我上文所謂文化心是也。**人的生
> 命，能常留存在人類大群的公心中而永不消失，此即
> 其人之不朽。**……人生之意義，即人人的心互在他人
> 心中存在之謂。（《靈魂與心》臺北聯經，2000 版，頁 30）

圍繞這一觀點，錢氏此後的闡發頗多，有「從自然生命轉
入心靈生命」、不僅從「身起見」，更當從「心起見」，「歷

史心」與「文化心」等等諸概念：

> 釋迦之教，曰無我涅槃。耶穌之教，曰上帝天堂。大旨
> 亦在逃避此人生之有限，或求取消此有限，而融入於無
> 限，用意與老子大致相似。唯孔孟儒家，則主即在此有
> 限人生中覓出路，求安適。何從即就此人生解脫此有
> 限？曰身量有限，而心量無限。人當從**自然生命轉入**
> **心靈生命**，即獲超出此有限。超出有限，便是解除苦
> 痛。人之所謂我，皆從身起見，不從心起見。心感知有
> 此身，因感知有此我，我即指身言，是之謂**身起見**。此
> 為自然人生中之我，亦即是有限之我。若從心靈生命中
> 見我，則不從身起見，不即指身為我，而乃於一切感中
> 認知有此心，而復於此無限心量中感知有此我。當知自
> 心即具一切感，不僅感知有此身，抑且感知身外之一
> 切。非身是我，此感乃是我，而且自心以外，復有他
> 心，能從一切他心中感知我。此一我，絕不僅止一身
> 我，必且感知及於我之心而始認之為是我。故他心之感
> 有我，顯不僅指身起見。人必從我與他之兩心之相互感
> 知中認有我，此之謂**心起見**。此始是一種人文我，而此
> 我則是一無限。（《人生十論》廣西師大出版社，2004 版，頁 50-
> 2，作於 1952，時年 58）

我對於人性問題，則完全贊成孟子看法，認為人心之所
同然者即是性。但所謂人心之所同然，不僅要在同時千

萬億兆人之心上求。更宜於上下古今,千萬億兆人之心
上求。因此我喜歡說**歷史心與文化心**。(《中國學術思想史
論叢》卷二,安徽教育出版社,2004 年版,頁 80,作於 1955 年,時年
61)

　而在其晚年,賓四先生乃歸納出「身生命與心生命」的精
煉扼要的提法(按,「心生命」曾在《二程學術述評》等文中單獨提起,見
《中國學術思想史論叢》卷五,安徽教育 2004 年版,頁 123,時約在香港寫
《宋明理學概述》前後):

> **由身生命轉出心生命**,乃是生命上一絕大變化,絕大
> 進步。……最先,是身生命為主,心生命為副。心只聽
> 身的使喚驅遣。但到今天,心生命已轉成為主,身生命
> 轉退為副。換言之,主要的生命在心不在身。在先,饑
> 飽寒暖,是人的生命中最大要事。心的作用,只在謀求
> 身的溫飽上見。但至今,則喜怒哀樂,始是人的生命中
> 之最大要事。人生主要,不僅在求溫飽,更要在求喜
> 樂。而所喜所樂,亦多不在溫飽上。喜怒哀樂,是心生
> 命。饑飽寒暖,是身生命。……人類的歷史文化,便是
> 由人類心生命所造成。禽獸眾生,僅有身生命,更無心
> 生命,因此不能有歷史文化。原始人乃及現代有些處的
> 野蠻人,沒有進入到心生命階段,亦不能有歷史文化形
> 成。人既在歷史文化中生下,亦當在歷史文化中死去。
> **其心生命亦當投入歷史文化之大生命中而獲得其存**

留。但其間有有名，有無名。有正面的，有反面的。歷史文化中正面有名人物之心生命，乃是在心生命中發展到最高階層而由後人精選出來作為人生最高標榜，最上樣品的。我們該仿照此標榜與樣品來各自製造各自的心生命。身生命賦自地天大自然，心生命則全由人類自己創造。故身生命乃在自然物質世界中，而心生命則在文化精神世界中。精神世界固必依存於物質世界，但二者究有別。……心生命必寄存於身生命，身生命必投入於心生命，亦如大生命必寄存於小生命，而小生命亦必投入此大生命。上下古今，千萬億兆人之心，可以會成一大心，而此一大心，仍必寄存表現於每一人之心。**中華四千年文化，是中國人一條心的大生命，而至今仍寄存表現于當前吾中國人每一人之心中，只有淺深多少之別而已。若不在此一大心中生活，此人便如沒有其生命，只如禽獸眾生般，有其小小短暫之身生命而已。**（《靈魂與心》臺北聯經，2000 版，頁 151-7，作於 1975 年，時年 81）

　　錢氏此一提法，是史學家從歷史文化的立場，將個人生命的不朽，結轉伸延到民族文化大傳統的結體。錢氏至九十二歲，完成《晚學盲言》一書，此書分為上中下三篇，共九十章。上篇宇宙天地自然之部，中篇政治社會人文之部，占四十五章；下篇德性行為修養之部，獨佔四十五章，其首篇即為〈生與死〉，可見此問題在錢氏心中的分量，其中對生死不朽

問題的闡發，尤見凝練親切，可以作為代表：

> 詩曰：「孝子不匱，永賜爾類。」果使中國民族長在，
> 中國文化不滅，則在中國社會上將永遠有孝子出現。就
> 孝子之肉體生命言，固各已消失。但就孝德及孝子之心
> 言，則長留後代生命中不匱不朽，斯舜與周公乃及一切
> 孝子之生命皆不朽。此乃小生命在大生命中之不朽。苟
> 無大生命，則何來有小生命。就個人之小生命言，則皮
> 膚骨肉之身生命必有死，而心情德性之心生命，則可永
> 傳無死。（廣西師大出版社，2004 版，頁 348）

## 三、

　　這裡會出現兩個問題，需要特別加以討論。

　　其一是，此種生命長存不朽的觀念，是很理論化的，也即
是需要有相當的智性訓練，乃能切實反躬而行。如何而可能成
為我中國廣大普通民眾的信仰，而世世代代奉行不輟？換言
之，儒家的生死觀如何獲得社會普遍性認可，即能使社會大眾
人人可行、「日用而不知」，從而凝聚中國社會人心達數千年
之久？這問題似乎自孔子時便存在，所以孔子「言性與天道不
可得而聞」，而「子之所慎齋戰疾」、《中庸》引子曰「鬼神
之為德其盛矣乎」，亦皆可從這一角度窺入。中國人重視宗
廟、家族、家庭、祭祀、禮，等等形式，實乃解決生死大事的
途徑。中國人通過家庭、祭祀的訓練，而實現生命的延續，這

一點為錢氏相當明確地指出，其入手、場景皆清晰曉暢。前所
引文已經有多處提及，這裡再引數段：

> 因此既有孔子，中國便可不需再有西方般的宗教。……
> 他不從人生以外講永生，孔子已避免了先民樸素的天鬼
> 舊觀念之束縛。子路問死，他說「未知生，焉知死」。
> 他直接以人生問題來解答人死問題，與其他宗教以人死
> 問題解答人生問題者絕不同。他看祭祀，不過是一種心
> 靈的活動，亦可說是一種心靈的訓練與實習。故他說：
> 「祭如在，吾不與祭，如不祭。」他只看重人心一種自
> 能到達的理想的境界，而不再在人心以上補出一個天鬼
> 的存在。他實在是超宗教的，進步的。惟孔子雖超宗
> 教，而仍**特設一個家庭為訓練人心之場所。**（《靈魂與
> 心》臺北聯經 2000 版，頁 29）

> 中國儒家之言禮樂，就廣義言，固不僅為人生教育之一
> 端，實兼舉政治宗教而一以貫之矣。凡**使小我融入於
> 大群**，使現實融入于過去與未來，使人生融入于自然，
> 凡此層層融入，俾人類得以建造一現實世界大群體之文
> 化生命者，還以小我一心之敏感靈覺操其機，而其事乃
> 胥賴于禮樂。凡所以象徵此文化之群體，而以昭示於小
> 我，使有以激發其內心之敏感靈覺者，皆禮也。（《中
> 國文化叢談》臺灣三民書局，2004 版，頁 32）

只要見人類文化中有愛，便知是人類天性中有愛。我們
既喜歡此善與愛，便該把此善與愛儘量發展。這在西方
是宗教。他們說：「上帝要我們善與愛，我們故該善與
愛。」中國人卻說：「你不是喜歡善與愛嗎？我故儘量
教你善與愛。而且我自己也喜歡善與愛，我情願對你善
與愛，我不在求得你任何報酬，縱使對我有絕大犧牲也
情願。」這不就是一種宗教精神嗎？故我說：「中國文
化中雖不創生宗教，卻有一種最高的宗教精神，我們無
以名之，姑名之曰人文教，這是人類信仰自己天性的宗
教。」（《中國歷史精神》臺灣東大圖書公司，2003 版，頁 123）

　　其二是，由一般人皆可行進而向內向上追溯其內核，人
性、天道、人心是不是有這樣的基礎，又是怎麼樣得以貫通
的？換言之，儒家生死觀的基礎何在，並如何能夠肯定這基
礎；這便是根源性問題。錢氏認為，由叔孫豹的「三不朽」說
演進到孔子之「仁」，生命的延續便不僅僅有待於外在之物，
而可以因明其理而得其道，可謂教孝者禮、體仁者心：「孝悌
忠恕便是仁，便是一種人類心之互相映發互相照顧，而吾人之
不朽永生即由此而得。故孔子又說，『朝聞道，夕死可矣。』
人不聞道，便加不進這一個不朽與永生之大人生。你明白了這
一個大人生不朽的道理，那你小我的短促的生命自可不足重輕
了。」（《靈魂與心》臺北聯經 2000 版，頁 11）。所以說，「孔子言
仁，此是人生中第一義。叔孫豹言不朽，則已是第二義以下
了」（《靈魂與心》臺北聯經 2000 版，頁 163，作於 1975 年，時年 81）。

則經由怎樣的途徑，而使學者能夠接近孔子所言之「道」，切實得到「聞道」的體悟，掌握第一義？這似是錢氏所謂「心教」的核心意義。

賓四先生認為：「就中國思想史而言，古代孔孟儒家一切理論根據，端在心性精微處」（《宋明理學概要》臺灣學生書局，1984版，頁 33-4，書成於 1953 年，時年 59）。故其在中年以後，就心性問題作了深入系統的闡述。這問題又可分作兩面看，一者是理論的探索與分析，再者是身心經驗的實踐、觀念與方法。本文限於篇幅，前一部分從略。

首先，錢氏肯定了儒家宗教情懷的重要性：

> 宗教從內面看，同時是宗教精神更重要之一面，為信仰者之內心情緒，及各人心上宗教的真實經驗。在儒家思想裡關於性與命的意義，與之極相接近。
>
> 如何將我此個別之心，完全交付於此共通之心，而受其規範，聽其領導，這須有一種委心的狀態。宗教上的委心是皈依，儒家的委心便是安命。安命始可踐性，委心安命便要你有所捨卻。捨卻了此一部分，獲得了那一部分，這種以捨棄為獲得的心理狀態，正猶如宗教家之祈禱。（《湖上閑思錄》性與命）

此宗教情懷之所從出，大體應源自於儒家心性之學，落實在個人的修身「工夫」：

朱子說格物窮理，只是大學始教。大學以前還有一段小
學，則須用涵養工夫，使在心地上識得一端緒，再從而
窮格。若會通於我上面所說，做起碼聖人是**小學工夫**，
做傑出透格聖人是**大學工夫**。先求成色之純，再論分兩
之重，這兩者自然要一以貫之，合外內，徹終始。……
陽明良知學，實在也只是一種小學，即小人之學。用今
語釋之，是一種平民大眾的普通學。先教平民大眾都能
做一個起碼聖人。從此再進一步，晦翁的格物窮理之
學，始是大學，即大人之學。……這種學問還是要在心
地上築起，也還是要在心地上歸宿。（《湖上閑思錄》成色
與分兩）

因此他提倡「自我訓練」：

《中庸》裡講：「自誠明，之謂性；自明誠，之謂
教。」「人一能之己百之，人十能之己千之。」「得一
善，則拳拳服膺。」這是**講工夫**。我們每一人，或者一
天，或者一月，或者一年，他們心裡總有一片光明。
**然而沒有這套工夫，氣候沒有成熟，這東西便過去
了。若氣候成熟，則如吾十有五而志於學，三十而立，
四十而不惑，到後自見影響。**
……**一切要自發於心，要有一套自我訓練的工夫。**
（《中國文化叢談》臺灣三民書局，2004 版，頁 44-5。按，其序謂，
此書乃 1949 至 1969 年間之相關講演，各篇排列不分年代先後）

提倡「修身工夫」：

> 中國人講這套學問，也有實驗室。第一是我們的身體，
> 第二是我們的家庭，第三是我們的國家與天下，即我們
> 的社會。倘使我們心不安，不快活，精神不振作，也說
> 不出什麼地方出了毛病，我們只規規矩矩，正襟危坐，
> 停一會就覺好。晚上睡覺怎樣便睡得著，如何能不做不
> 好的夢，中國人講這些的太多了。所以說啊，我們的身
> 體，就是我們心理學的一個試驗室。這是初步試驗，也
> 就是**修身功夫**。（《民族與文化》東大圖書公司，1989 年版，頁
> 180，作於 1959 年，時年 65）

　　錢氏對於儒家工夫的強調，似愈近晚年而愈強烈。其對於
學術探索，則謂：

> 理學家中，惟朱子最善言心，而朱子言心，又常推稱橫
> 渠。此等處，並不專在辨析文字訓詁，更要乃是在辨析
> 心理情態。此等辨析，亦不僅在外面觀察，乃是從自己
> 日常生活中**親修密證**而得。（《朱子學提綱》三聯書店 2002
> 版，頁 121，作於 1970，時年 76）

對於不涉學術的日常生活，也常提到如此的訓練：

> 我因此次到空軍各基地，遂更親切悟到中國禪宗與宋明

理學家所發揮之心性修養，實非僅在深山寺廟與私人書院中一番閒談論閒工夫。即是現代最機械、最緊張的鬥爭場合中，依然同樣需此訓練，合此教義。

諸位爬上飛機，坐上駕駛台，不也是心無旁騖嗎？其實諸位駕駛飛機時的心境，也就和高僧們在深山寺院打坐時的心境差不多。一樣是心繫一處，心不起念，一樣是敬是靜。……這一段的生命，可說最嚴肅，最純一，完滿無缺。剎那間便達到了人生所要追求的最高境界。即是一心無他，止於至善的境界。（《中華文化十二講》臺灣東大圖書公司，2006 版，頁 110，作於 1967 年，時年 73）

　　錢氏所論，亦如他自己所言，並不是辨析文字、邏輯推演或哲學冥思所得，而是經其一生親修密證得來。謹述如次。

# 四、

　　據《師友雜憶》，錢氏自述習靜坐的緣由謂：「余體弱，自辛亥年起，幾於每秋必病。……念不高壽，乃餘此生一大恥辱、大懲罰。即痛於日常生活上求規律化，如靜坐，如郊野散步等，皆一一規定。」

　　1915 年，錢氏年 21，時專任梅村縣四教職，謂「當時學靜坐已兩、三年。」

　　1918 年，錢氏辭縣四回鴻模之前。

憶某一年之冬，七房橋二房一叔父辭世，聲一先兄與余
自梅村返家送殮。屍體停堂上，諸僧圍坐頌經，至深
夜，送殮者皆環侍，餘獨一人去寢室臥床上靜坐。忽聞
堂上一火銃聲，一時受驚，乃若全身失其所在，即外界
天地亦盡歸消失，惟覺有一氣直上直下，不待呼吸，亦
不知有鼻端與下腹丹田，一時茫然爽然，不知過幾何
時，乃漸恢復知覺。……餘之知有靜坐佳境，實始此
夕。念此後學做，倘時得此境，豈不大佳。回至學校
後，乃習坐更勤。雜治理學家及道家佛家言。尤喜天台
宗《小止觀》，其書亦自懷天桌上得之。先用止法，一
念起即加禁止。然餘性燥，愈禁愈起，終不可止。乃改
用觀法，一念起，即返觀自問，我從何忽來此念。如此
作念，則前念不禁自止。但後念又生，我又即返觀自
問，我頃方作何念，乃忽又來此念。如此念之，前念又
止。初如濃雲密蔽天日，後覺雲漸淡漸薄，又似得輕風
微吹，雲在移動中，忽露天日。所謂前念已去，後念未
來，瞬息間雲開日朗，滿心一片大光明呈現。縱不片
刻，此景即逝，然即此片刻，全身得大解放，快樂無
比。如此每坐能得此片刻即佳。又漸能每坐得一片刻過
後又來一片刻，則其佳無比。若能坐下全成此一片刻，
則較之催眠只如入睡境中者，其佳更無比矣。（《師友雜
憶》三聯，1998 年版，頁 99-100）

時為一九一八年之夏季。此下一年，乃餘讀書靜坐最專

最勤之一年。余時銳意學靜坐，每日下午四時課後必在
寢室習之。……其時余習靜坐工夫漸深，入坐即能無
念。然無念非無聞。恰如學生上午後第一堂課，遇瞌
睡，講臺上教室語，初非無聞，但無知。餘在坐中，軍
樂隊在操場練國歌，聲聲入耳，但過而不留。不動吾
念，不擾吾靜。只至其節拍有錯處，餘念即動。但俟奏
此聲過，余心即平復，餘念亦靜。即是坐中聽此一歌，
只聽得此一字，盡欲勿聽亦不得。余因此悟及人生最大
學問在求能虛此心，心虛始能靜。……某日傍晚，家中
派人來學校喚餘回家。餘適在室中坐，聞聲大驚。因知
靜坐必擇時地，以免外擾。昔人多在寺院中，特辟靜
室，而餘之生活上無此方便，靜坐稍有功，反感不適。
以後非時地相宜，乃不敢多坐。（《師友雜憶》三聯書店，
1998 年版，頁 101）

　　依上述，1、錢氏早年習靜坐，雖「雜治理學家及道家佛
家言」，入手依從工夫卻是天台宗小止觀法門。2、錢氏切實
做工夫，依調息法治沉相浮相，已證得息道善根發相。3、錢
氏專心習靜坐，殆不短於五、六年時間，此後因時地難得相宜
而放棄。此後錢氏未再言自身靜坐體驗，但早年修習靜坐之經
驗，對其終身之治學與生活，實影響非淺。試舉數例：

　　1937 年，錢氏 43 歲，登華山。「余等三四人同行，一生
忽大呼兩足麻不能動，餘教其坐下，瞑目凝神，數息停念，俟
余呼，再起行。餘等停其前可廿步許，十分鐘左右，呼其起，

此生起立，乃能隨隊過嶺。」（《師友雜憶》三聯書店，1998 年版，頁 207）這是調心方法的隨時運用。

　　1943 年，任教四川大學時，假期至青城山道院，「青城山道院中有一道士，屢與余談靜坐，頗愛其有見解有心得。」（《師友雜憶》三聯書店 1998 年版，頁 256）因有經歷而愛其議論。

　　1942 年，錢氏作〈中國今日所需要之新史學與新史學家——本文敬悼故友張蔭麟先生〉一文，中謂：「再以內心默觀相證，念念相續，而亦念念不停，前念倏去，後念倏來，前後念際，別無空隙可駐一現在。方認此念現在，而此念早成過去，一如鐘上針尖，刻刻移動，刻刻轉變，前推後擁，轉瞬同歸消滅。然此等皆超乎事外，始有此象。若一落事業，則性質復為不同。事業莫不有其相當寬度之現在，不得割裂劃分，如鐘行一秒，心轉一念，而實為一有距離之進行。在此進行中，有持續，亦有變動，而自有其起迄，而成為一事業，或為一生命。歷史正為一大事業，一大生命。……將欲於歷史研究得神悟妙契，則必先**訓練其心智習為一種綜合貫通之看法**。請再就內心默觀之一事論之。若僅就心相變化分別體玩，則前念後念倏起倏滅，剎那剎那各歸寂盡。然若就心相變化綜合而通看之，則心包性情，自有條貫，並非念念無常，而乃生生不息。念念無常者，前念後念，各自獨立，不相滲透，不相融貫。生生不息者，前後念際自有生機，融通貫注。**儒釋之辨，即在於此**。」錢氏此論，乃儒家立場，但儒釋在此實不僅僅是觀念之異，如後文所述，更有工夫的不同。此條所引，要在說明錢氏治學確受早年靜坐工夫影響。

　　錢氏並自創一套「書房功法」，其及門有獲傳者；而其心性之「潛修」，亦偶有形於筆端，如：「平居於兩《學案》最所潛心，而常念所見未切，所悟未深。輕率妄談，不僅獲罪於前儒，亦且貽害於當代。故雖**私奉以為潛修之準繩**，而未敢形之筆墨，為著作之題材也。」（《宋明理學概述》序）

　　賓四先生一生受理學浸染甚深，對理學方法論和工夫論的討究是題中應有之義，正如他所說的：「須待此心所覺全是理，滿心皆理，始是到了心即理境界。……心非即是理，只是一虛靈。惟其是一虛靈，故能明覺此理。……但須到聖人，始能全此體而盡其用。此處則有一套方法，即是一套工夫，理學家所討究之最精邃處，即在此一套方法與工夫上。故理學非僅是一套純思辨之學，更貴能有以證成此一套思辨之方法與工夫。故理學家既有一套本體論，尤必有一套方法論與工夫論。若僅認有此本體，而無與此相應之一套方法與工夫，則所知不實，所覺乃虛，非真本體，將如畫餅之不足以充饑。」（《朱子學提綱》三聯書店 2002 年 8 月版，頁 46-7。1970 年作，時年 76 歲。）

　　雖然賓四先生深懼於「輕率妄談，不僅獲罪於前儒，亦且貽害於當代」，但我們還是應該考察，錢氏提倡的修身工夫和自我訓練，是否有基本的觀念和方法呢？而且我們也可以追問，錢氏依儒釋兩家工夫習坐而獲得心性經驗，在後來的歲月裡，其所具備的儒家信仰和大家學養，是否使得他形成了較為系統的儒家工夫的觀點和方法呢？

# 五（上）、

賓四先生認為，每一個稍具知識的人都應該、並且可能身體力行儒家的心性修養，這種心性修養工夫的必要性在於，對個人的道德修養言：

> 中國人的心性修養，是用在人的日常生活中，好教一平常人，人格精神逐步上升進入聖賢的境界中去。就中國人所想像聖賢的心理狀態言，其實也沒有什麼其他了不得，只是他內心絲毫不潛藏有什麼髒東西，乾乾淨淨，潔潔白白，光明正大，培養到一個內外合一美滿完整的人格。（《民族與文化》東大圖書公司，1989 版，頁 174）

在個人的層面上，最基本地，是實現道德的完善、品格的提升，及其上達，可以對民族前途，乃至於對人類世界，有所貢獻：

> 我中華文化傳統中所言之心性修養，更當上溯之於先秦儒道兩家，而更主要者則為孔孟教義，此誠我中華文化主要精義所在。只要我們每一人從其各自崗位上，能善加體會，善加推擴，上達至於全民族全人類之文化大體系上，而心知其意，則凡我中華先民先哲之所啟示，其在人類心性精微處，在人類生活廣大處，早已提綱挈領，抉發出其大義，揭露出其要旨，為我們奠下了一基

礎，指示了一大道。……科學時代亦仍需要此一套人生之大理論與大方向。而要走上此大方向，實現此大理論，則**有待於我國人各自有其一番心性修養**。惟此最為我中華文化傳統對全世界、全人類文化前途有其大貢獻之處。（《中華文化十二講》序，東大圖書公司，2007 版，頁4）

　　因為，錢氏所謂的心性修養工夫，在最初入手處的觀念上，是內外合一的，並不以個人的修養、所謂的「自了漢」，為滿足；這是鮮明的儒家立場。心性修養的通道，導向道德完善的聖賢境界，在錢氏看來，這是可以代替宗教信仰的。

現代西方心理學忽略了自己做工夫的一套。他們所講宗教心理，也都是向外面看，拿客觀現象來研究，不肯自己把心投入作實驗。中國人的心性之學，則主要把自己的心投進裡面去，他的日常人生，即是他的心理實驗。家、國、社會、天下，則是他的心理實驗室。中國心理學之主要目的，則在把自己的人格要提升超越到更高一個境界去。

聖賢不是現成的，原有理想與工夫，這套工夫到家了，與理想融成一體，就是工夫和本體打成一片，行為和知識打成一片，自然與人生打成一片。（《民族與文化》東大圖書公司，1989 年版，頁 176）

　　錢氏所謂的心性修養，涵蓋了、滲透在人生的一切方面。他所謂的「心理實驗室」，是指向家國天下的，特別地說，是需要一定的外在條件來保證的；而所謂「日常人生」中的「心理實驗」，應可以理解為通過心性修養指導日常人生，特別地說，是指的不依賴外在條件的個人修養工夫。否則，「心理實驗」和「心理實驗室」的區分就沒有意義。

　　需要進一步追問的是：這種不依賴於外在條件的心性修養工夫究竟指的什麼呢？錢氏把現代心理學與靜坐工夫相銜接：

> 即如所謂**靜坐**。所謂居敬工夫，所謂無念，所謂存天理去人欲，照現在人看來，似乎那些都是過時了，陳舊了，更沒有意思。但若我們真懂得近代西方心理學上的新發現（今按，指的巴甫洛夫條件反射說，與佛洛依德精神分析法），所謂精神分析與潛在意識那一套，你再回頭來看中國儒釋兩家所講的那一切工夫，才知中國人的心性修養，其實是有現代西方心理學根據的。不過是較近代西方心理學所入更深，更細，更有價值。（《民族與文化》東大圖書公司，1989 年版，頁 174）

　　為什麼靜坐可能達到這樣的效果呢？錢氏有個大略的指說：

> 靜坐有工夫，能使你從前潛藏在心底下的，自己跑出來重現在你靜中的意識上，你內心深處一切骯髒、齷齪、

卑鄙、陰險都呈現了，讓你可看到你平日內心之真面
目。你能看到就好了。……中國人傳統所講的心性之學，正是講的
這一套，正是要把人人心上的潛意識融化了，不使人在
心底下有沉澱，有渣滓，有障礙，有隔閡，有鬱抑。佛
教也很多是在講這一套，這正是中國人的一套所謂心性
修養的工夫。（《民族與文化》東大圖書公司，1989 年版，頁
174）

賓四先生並且指陳宋明儒的靜坐工夫之目的與效能所在：

他們用靜坐來自我治療，待其人一入靜境，則其日常內
心種種隱藏黑暗污穢不可對人的下意識，自然逐層曝
露，逐層顯現。……此即程明道所謂渣滓渾化也。人心
內部一切渣滓全融化，則此人心中更無所謂下意思或潛
意識之存在。此心直直落落，只是一個心，宋明儒則稱
此為道心，又稱此為天理。所謂天理渾然，正是說他人
格之完整。（《中國學術思想史論叢》（七）宋明理學之總評騭，
安徽教育出版社，2004 版，頁 277）

如何得以「一入靜境」，自需要有一套方法，錢氏指為：
「心不起念，一心常定」：

若論此等**洗滌工夫之淵源，則實自禪宗來**，先秦儒固

絕無此意境。禪宗教人重在不染不著，但人心卻偏要依靠，黏著。在此用工夫，須把己心逐漸收斂，逐漸凝聚，使其只依靠黏著在一點上，不走作，不散漫。久而久之，只要此一點依靠黏著，忽爾灑脫，則此心便落入空蕩蕩底境界，便可面對無著真相矣。……宋明儒洗心工夫還是此路脈。（《中國學術思想史論叢》（七）宋明理學之總評騭，安徽教育出版社 2004 年版，頁 275-6）

如有一高僧，在深山禪院打坐，能坐到心不起念，一心常定，那不是很高的道行嗎？宋儒言主靜居敬，其實也只是此工夫。（《中華文化十二講》東大圖書公司，2006 版，頁 110）

宋儒亦靜坐，如程門立雪是矣。靜非以忘我，乃以存我。一時視聽俱泯，思慮不起，亦如混沌，然乃以養其一體之真而已，此之謂存養。（《晚學盲言》（90）、理想與存養，廣西師大出版社，2004 版，頁 664）

儒、釋、道三家，皆有打坐工夫，主要即在喪耦喪我，**即以求深處之真我**。中國為人本位文化，重要在人與人相接相處。普通人皆從此相接相處中見心，而儒、釋、道之深處，則求於不相接不相處中見心。（《晚學盲言》（52）、情與欲，廣西師大出版社，2004 版，頁 395）

　　人群相接相處而見彼此之心，所見是人心；人之自處求心，乃是「心體」。儒釋道三家，求見「心體」的工夫，是否就相同？儒家的「修行者」只按此工夫脈絡，是否就可以達到「渣滓渾化，天理渾然」的境地？這都是必須有個交待的。錢氏謂：

> 禪宗惺惺寂寂，繫心一處，使不散亂，大體只是看重一個當下，一個現前。當下現前，剎那變滅，此心亦剎那變滅。所以**繫心一處，等於無繫無著**。其次則打疊一切，專繫在一念上，待得此念純熟，忽然脫掉，則仍落無住無念境界，此即是參話頭工夫也。程門所謂主一，**乃把事字來換去當下字，故要在現前當下境上去主一個天理。因此主一不是專繫在一念上，只在一切念上主一個天理**。一切念可以剎那變滅，而一切念上的天理，則始終一片。一即一切，一切即一，主一不摒棄一切，乃有一事存在，有事便有理。……但若偏重天理，又不免使人向外尋覓，又要走散到一切上去，所以**程門要提出一敬字來**，使人即在當下心體上下手。但所謂主一，所謂止於事，卻不是叫你好色則專一在好色上，何以不能專一在好色上，你若不真認識自己心體，便又不免要從天理上說話。其實閑思雜慮，亦何嘗不是你心體自己要如此，但閑思雜慮終是人欲，非天理。換言之，即並非你真心體。如何認識你真心體呢？因此又轉入別一問題。（《中國學術思想史論叢》卷五之《二程學術述

評》，安徽教育出版社，2004 版，頁 115-6）

　　此一條，關係很大，需要加以分說。其一，儒釋工夫之別究竟何在？錢氏說佛家的工夫著力在現前當下繫心於一念；而儒家至少就程門說，「把事字來換去當下」、「主一不是專繫在一念，只在一切念上主一個天理」。這話所帶來的問題是，「當下」可以是無念的，但「事」卻是有念的，再以「天理」主之，其有念無念之間如何言說？其二，佛家話頭禪法的「問話頭、參話頭、看話頭」，是操存路線明確的，而儒家程門的方法，究竟是先體認得一個天理去主一切念，還是從一切念上體認出天理？這裡便有疑。體認天理如果「使人向外尋覓」，天理便是在外，則所謂「涵養」者究竟何益？果如一葉知秋、一事見出天理，「一即一切」，又何必另提出一個敬字來？其三，程門提出一個敬字，作為做工夫的切實的下手處，可以說是儒家體認心體的操存法，來解決上一個問題。如伊川所說的：「然靜中須有物始得，這裡便是難處。學者莫若且先理會得敬，能敬則自知此矣。或曰：敬何以用功？曰：『莫若主一。」（《二程遺書》卷十八，伊川先生語四）。伊川的意思是以「敬」作為「靜中須有」的「物」；或者可以說，以一個「敬」的心態來維持有物和無物之間的平衡。如此，是否還有進程和觀念方面的問題和指導，這在程門，其實並沒有真切具體說到的，只是一番大方向的指點。錢氏似亦有疑（這在下文還將提及），而引陽明之說以為主一須有天理在，所以進而說要天理作主須先明得「真心體」。認識「真心體」的方法又是什

麼呢？便又牽引到了「喜怒哀樂已發未發」之辨。這其實不是「別一問題」，而是更深一層，涉及到了體認心體的工夫；也可以說是儒家靜坐工夫的究竟內容的問題，是儒家心性修養的樞要。

# 五（下）、

賓四先生對體認心體的問題，未作過系統的表述，而往往在討論和闡發宋明儒意見中發揮，這種涵藏與發揮是有意為之。一者是中國學者的述作傳統，如錢氏在論及朱子注疏典籍所屢次提及的。二者是錢氏無意獨發己說，茲摘引數條以見此意：

> 我這一本《閑思錄》，並不曾想如我們古代的先秦諸子們，儒墨道法，各成一家言，來誘世導俗。也並不曾想如我們宋明的理學先生們，程朱陸王，各各想承繼或發明一個道統，來繼絕學而開來者。我也並不曾想如西方歐洲的哲學家們，有系統、有組織、嚴格地、精密地，把思想凝練在一條線上，依照邏輯的推演，祈望發現一個客觀的真理，啟示宇宙人生之奇秘。（湖上閑思錄》序，時年54。）

> 平居於兩《學案》最所潛心，而常念所見未切，所悟未深。輕率妄談，不僅獲罪於前儒，亦且貽害於當代。故

雖**私奉以為潛修之準繩**，而未敢形之筆墨，為著作之
題材也。（《宋明理學概述》序，時年 59。）──此條再次引用，
以見錢氏此意。

我雖對以往思想史上的各家各派，有意兼采互融，但我
並不想把自己意見可以要來與前人意見組織成一完整的
系統。我之希望能平心看前人成說，好讓自己思想仍會
有進步。若急切要把自己思想完成一系統，這會阻礙我
自己思想之再進步。（《中國學術思想史論叢》卷二，安徽教育
出版社，2004 版，頁 79，時年 61。）

其於解決此宇宙人生大問題，是否確當，余不敢言。然
于余之淺陋愚昧，奉以終生，時加尋繹，乃若有一軌
途，可以使余矻矻孳孳而不倦。偶有感觸，於此問題，
乃亦時有撰述，非敢謂于此宇宙人生之奇秘有所解答，
實亦聊抒余心之所存想而已。（《靈魂與心》自序，時年 81。）

雖然如此，但賓四先生確有其取向和推薦，這在下述兩條
中特別明顯：

《中庸》言：「喜怒哀樂未發謂之中，發而皆中節謂之
和。（今按，此間錢氏略去「中也者，天下之大本也；和也者，天下
之達道也」十八字）致中和，天地位焉，萬物育焉。」達此
境界，豈非一最理想之宇宙，同時亦一最理想之人生。

**而工夫則只在此心之喜怒哀樂上用。**……在外面未遇當喜當怒之物，吾心之喜怒未發，但亦不得謂吾心本無喜怒。然則當其未發，將謂之何？《中庸》所謂未發之謂中，朱子釋此中字為不偏不倚。以其未發，此心之喜怒哀樂既不偏倚在外面任何一物上，則其存於內而未發者，當至為廣大，渾然一體，無分別無邊際可言，甚亦可謂之與天地同體。亦可謂天地亦本有喜怒哀樂，吾心之喜怒哀樂，乃本天地之自然而有，惟當其未發則無偏倚。果吾心先有偏倚，未見當喜之物，而設意尋求吾心之喜，未見當怒之物，而設意尋求吾心之怒，則吾心惟有向外面物上去尋求，而吾心乃失其中失其存在。必尋求之於外物而始見心，未必與外物之可喜可怒者相當，則此心即陷於人欲，而失吾心之真與正，亦非得謂之即天理矣。……此心先能不偏不倚，遇外物來前，而此心始有喜怒之發，然又貴發而皆中節。節者，有其一適當之限度。但自另一面言之，亦即滿足其所當喜當怒之限度，則限度實即是滿足，此即天理矣。……**吾心仍非有喜怒哀樂之別，其別只屬於在外之已發，而其存在於內而未發者，則仍是一中。**發與未發，中與和，仍屬一體。不明悟得此未發之中，又何能掌握得其已發之和。

錢氏又謂：

惟精惟一，……精乃選擇義，**精選其合道之心則存之，剔減其未合道之心而去之。使此心無不合於道，則人心即道心，道心即人心，相與合一，即中即和，天地萬物即位育於此矣。待其與外物交接，始見其心之用乃有和。**中國人言養心工夫有如此。（《現代中國學術論衡・略論中國心理學》三聯，2001 版，頁 78-81，作於 1983 年，時年 89。）

上引的前一條意思有模糊處，此處不能詳說，而後一條甚明晰：錢氏似認為，工夫用在心的喜怒哀樂上，在其未發時即有精選剔減的工夫使心合於道；待與物接，乃有已發之和。這種工夫做得深了，便收「人心即道心」之效。在〈宋明理學之總評騭〉一文中，錢氏更是長段摘引高攀龍〈自序為學之次第〉，以五千七百餘字的短文評騭全部宋明理學，而此唯一一段完整引述竟占四百五十餘字，錢氏之用心亦可見。今具引於下：

癸巳，以言事謫官，……甲午秋，赴揭陽，自省胸中理欲交戰，殊不寧帖。……遂大發憤曰：「此行不徹此事，此生真負此心矣。」明日，於舟中厚設蓐席，嚴立規程，以半日靜坐，半日讀書。靜坐中不帖處，只將程、朱所示法門，參求於幾，「誠敬主靜」，「觀喜怒哀樂未發」，「默坐澄心」，「體認天理」等一一行之。立坐食息，念念不舍，夜不解衣，倦極而睡，睡覺

復坐，於前諸法，反覆更互，心氣清澄時，便有塞乎天地氣象，第不能常。在路二月，幸無人事，而山水清美，主僕相依，寂寂靜靜。晚間，命酒數行，停舟青山，徘徊碧澗，時坐磐石，溪聲鳥韻，茂樹修篁，種種悅心，而心不著境。過汀州，陸行至一旅舍，舍有小樓，前對山，後臨澗，登樓甚樂。偶見明道先生：「百官萬務，兵革百萬之眾，飲水曲肱，樂在其中。萬變俱在人，其實無一事。」猛省曰：「原來如此，實無一事也。」一念纏綿，斬然遂絕，忽如百斤擔子，頓爾落地。又如電光一閃，透體通明，遂與大化融合無際，更無天人內外之隔。至此見六合皆心，腔子是其區宇，方寸亦其本位，神而明之，總無方所可言也。平日深鄙學者張惶說悟，此時只看作平常，自知從此方好下工夫耳。（《明儒學案》卷五十八，東林學案一）

按此，靜坐中之「靜」、「敬」，皆與「觀」、「體認」的努力相呼應，這是一。先有「不能常」的「塞乎天地氣象」，突憶及明道言而有「無天人內外之隔」的境界呈現，這是二。「自知從此方好下工夫耳」，這是三。最後一點，乃儒釋之別。故錢氏復論此曰：

宋明儒常教人靜坐，常說心要在腔子裡，又說此心與萬物一體，又說此心不容一物，種種說話，其實皆是教人體認此境界。惟宋明儒謂認得此境界後方好下工夫，從

此與禪宗不同。禪宗認此境界已屬到家，更不要繼此再別有工夫也。……佛家禪宗只認內心洗滌為人生究竟工夫，一切洗滌淨盡，常使此心不染不著，空蕩蕩地，便是人生最高境界，亦即人生最後歸宿。而宋明儒則認為人欲洗滌後尚須有天理存在，人生不即以內心洗滌工夫為究竟。**惟有的則在洗滌內心後再去認天理，有的則認只人欲淨盡後天理便自見，此二者，其用功的先後輕重又不同。**如明道識仁，陽明致良知，都主張正面下工夫去認識天理，但亦不反對從旁面洗滌人欲以為助。因此他們不反對靜坐，**正因靜坐乃心理洗滌之必要步驟也。**但他們並未只主張靜坐，並未要你專做洗心工夫。但兩家門人則多不免走入後一路。此因和佛家理論接近，易受其影響。（《中國學術思想史論叢》卷七，宋明理學之總評騭，安徽教育出版社，2004 版，頁 276。文約作於 1971 年完成《朱子新學案》之後，《朱子學流衍韓國考》之前，時年約 82。）

不落入枯槁之後一路，是在洗心工夫之後的「信修行證」：

中國人既認此宇宙乃渾然一體，同時又認其是變動不居。既屬變動不居，故宇宙真理乃即在變動中見，而人生真理則應在行為中見。故主「學思並進」，又主「知行合一」。中國人所稱道之聖賢及有道之士即佛門中之高僧大德及祖師們，其主要精神皆在其信修行證，

在從其生活之實際經驗中來體悟真理。若如西方所謂
哲學家或思想家，從純思辨中來探討真理者，在中國不
易遇見。因此，在中國並未有純思辨的哲學著作，亦並
未有在思想上求系統，求組織之思想家。中國思想乃多
屬實際生活中內心體驗之一種如實報導，而且多一鱗片
爪。惟其一鱗片爪，故乃盡真盡實。（《新亞遺鐸》三聯書
店，2004 版，頁 191）

到此，似乎可以條理出錢氏對於實踐儒家養心工夫的幾點
大體意見：
一、儒家的養心工夫中，靜坐乃必要步驟。
二、靜坐應秉持的觀念，是要去認得一個真心體。
三、認得真心體的過程，就是內心洗滌的過程；這過程
　　中，有感應、有是非；其所能達到的理想狀態是掃除
　　私心、天理純然。
四、以上存養之外，尚有進學和實踐，是需要交替反復進
　　行的。
五、對儒家修養工夫的最終檢驗，要落實到《大學》的
　　「止定靜安慮得」之「得」，與《中庸》的「發而皆
　　中節」之「和」。
六、儒、釋兩家，因根本觀念的不同，在「內心洗滌」之
　　後的工夫、途程和指向皆不同。

# 六、

　　若誠如錢氏所說，「宋明儒之兩途，一重內心洗滌工夫，一則以內心洗滌為助緣」，則由宋明儒所宣導的儒家養心工夫必須可以回答一個問題：這種內心洗滌工夫是否可靠？換句話說，當默坐澄心的工夫漸深，有什麼可以確保曝露呈現而渾化消解的是渣滓、是心底的陰暗一面，而不是別的什麼？錢氏晚年對此的回答是：

　　　宋明儒之所謂天理，若如上述，其實只是一種心理境界。明道象山所謂心即理，應從此處去看。但**說到此處，則不得不承認孟子之性善論**。因必承認性善，始可許人心以絕對的自由，始可教人向各自內心深處去求自己的準則與規律。否則把各人的準則與規律安放在外面，苟非依賴社會習俗法律制裁，便須依賴宗教聖言。既主依賴外在的俗與法與教，則人心自不能有絕對自由。既不許人心有絕對自由，又何貴亦何能有絕對完整之人格。縱使其內心人格絕對完整，依然要依賴外在的俗與法與教，則依然是一對立。如是理論，不問其主張性惡與否，而實已跡近性惡論。既主性惡，又主人格完整，則苟非取消自我，便無異要徹底惡化。（《中國學術思想史論叢》卷七，宋明理學之總評騭，安徽教育出版社，2004 版，頁 278）

　　這就是說，必須堅信人性是善的，人類才能依憑自心的覺性，堂堂正正立於天地之間；人類也因此可以最終相互信賴，人性因此表現出其絕異於禽獸的偉大光輝。試想，若是人性之善不能最終依憑，在根本之地表現出的不是良知、不是寬容和諧美好，而是頭出頭沒地閃現惡意惡念，需要外在的誘導、強制或壓迫使之就範，則，人何以值得尊重？人類社會何以值得尊重？這就是為什麼象山會說：「見到孟子道性善處，方是見得盡。」（《象山全集》卷三十四）；高攀龍自甲午年一場「猛省」，要遲到十二年之後的丙午「方實信孟子『性善』之旨」。因此，錢氏是把「性善」奉為信仰的；如此，人性最終憑依之地的「善」，就絕不僅在澄心默坐間煥發光輝，而更可貫徹於人的日用常行。這才是「徹上徹下」工夫，信「性善」復又轉而成為生活中人人可行的實踐原則：

> 孟子主張人性善，此乃中國傳統文化人文精神中，**惟一至要**之信仰。只有信仰人性善，人性可向善，始有人道可言。中國人所講人與人相處之道，其惟一基礎，即建築在人性善之信仰上。整個人生惟一可理想之境界，只此一「善」字。若遠離了善，接近了惡，一切人生將全成為不理想。自盡己性以止於至善，此乃中國人之最高道德信仰。與人為善，為善最樂，眾善奉行，此可謂乃中國人一普遍通行之宗教。由於人生至善，而達至於宇宙至善，而天人合一，亦只合一在此善字上。

中國人心性之學之最高境界，仍是以個人為中心，而以天下為終極。這樣的道德，可把一「善」字來包括。世界一切最有價值的就是這善字，非此善，一切都沒有價值。善的反面就是惡。任何一個真理，任何一項發明，只要違逆人性便是惡，那就一無價值，只有反價值。

（《民族與文化》東大圖書公司，1989 版，頁 46-47、179）

賓四先生歸結道：「不朽論和性善論，此兩論題互相配合，才能發揮出中國道德精神之最高的涵義，這實在是中國思想對整個人類社會的最大貢獻。」（《中國歷史精神》臺灣東大圖書公司，2003 版，頁 122）

他認為，在不朽論和性善論的框架內，人類已經解決了生死問題；他把解決這一問題的心理和生理界限都劃定在人生有限的生命範圍之內：

就自然人言，從身上起見，則若生老死滅是一可悲事。就文化人言，就歷史人言，從心上起見，則人之有死，實非生老死滅，而是生長完成。有死，故得有完成，此乃一可喜事。若我無死，我將永不終了，永無完成。……古人又云，蓋棺論定。人若無蓋棺之期，即難有論定之日。如是則他的人格在別人心裡永難有一個確定的反映與堅明的痕跡。……唯人不當賴有此一自然的死之大限，而即以此一死限為完成。人當於此一死限未臨之前，而先有其完成。**故人當求其隨時可死**。即在

其未死之前而先已有完成，乃始為真完人。……事業無
完，而每一個人之職責則可完。（《人生十論》廣西師大，
2004 年版，頁 54-5）

在錢氏，問題既然已經解決，他便不甚贊成宋明儒對心性
本體與宇宙萬物相通之處的過多的求索，而削弱了面對現實人
生的進取精神：

> 宋明儒雖亦如先秦儒般要積極面對人生現實，但他們因
> 受佛家影響，總愛把人生現實之價值，安放在整個宇宙
> 裡去衡量。如此則常覺人生之渺小與浮弱，他們總想在
> 現實人生外來尋找宇宙萬物一個共通的本體。換言之，
> 他們雖要面對人生現實，而他們所要尋找的人生現實之
> 本體，則多屬超乎人生現實之外。如此則人生現實依然
> 渺小浮弱，因此他們的意境，多少總帶有幾分悲觀消
> 極，絕不如先秦儒般只就人生平面活動之活潑與壯旺。
> （《中國學術思想史論叢》卷七，宋明理學之總評騭，安徽教育出版
> 社，2004 版，頁 279）

錢賓四先生對於以儒家文化傳統解決人類生與死問題所作
的研究和其本人的思想，以上已作了大概的歸納介紹。還有兩
個問題需要加以延伸思量：

第一、儒家解決生與死問題的觀念和方法，雖然宋明儒未
加以特別的討論，但確是自有宋明儒而始獲得有力的解決的。

似乎正是因為解決的有力，依照其法而行，自然而然形成堅強的信心，反而無須特別地討論和言說。是否錢氏所謂「尋找宇宙萬物一個共通的本體」，正是構成宋明儒堅確信仰的核心部分？無此似亦無所謂宋明理學。若是見不到「鳶飛魚躍」、「天下更無性外之物」、「宇宙便是吾心，吾心即是宇宙」的通透氣象，似乎很難說真實解決了生死問題。然而這一點，不是文字話語的辨識所能明瞭的，尚需學行兼顧的儒家踐行者們來加以深入體悟和發掘。這裡就真真用得上章實齋的一句話：「學問必兼性情」。

　　第二、儒家的社會教育功能，必須有師所以傳道授業解惑，亦必須有得當的方法和條件，方能重拾。賓四先生在他的著作裡，曾經思考設計了許多施教的門徑，如上文介紹的以自身為實驗對象和以家庭、社會為實驗室，等等。如果儒家解決生死大事的方法確有其生命力，在當今的社會環境條件下，怎樣使廣泛的社會大眾從中獲益，這才更是我們後來人所必須特別加以重視和努力的。子曰：「可與共學，未可與適道；可與適道，未可與立；可與立，未可與權」。有志者，其共勉乎哉！

2013-11-3

注：此文發表於《鵝湖》2014 年 2 月號

# 孟子：工夫三說

## 一、夜氣說

原文及注解：孟子曰：「牛山之木嘗美（曾經長得好）矣，以其郊於大國也，斧斤伐之，可以為美乎（多加砍伐還能長得好嗎）？是其日夜之所息，雨露之所潤，非無萌蘖之生焉（讓草木養一陣是會長起來的），牛羊又從而牧之，是以若彼濯濯（山頭終於光溜溜的了）也。人見其濯濯也，以為未嘗有材焉，此豈山之性也哉？（不是牛山之性不長草木）雖存乎人者，豈無仁義之心哉（人的仁義之心如牛山之性）？其所以放其良心者，亦猶斧斤之於木也，旦旦而伐之，可以為美乎（良心沒了，只是如牛山之木，被外力砍伐光了）？其日夜之所息，平旦之氣，其好惡與人相近也者幾希（趙歧注：人豈無仁義之心邪？其日夜之思，欲息長仁義，平旦之志氣，其好惡，凡人皆有與賢人相近之心。），則其旦晝之所為，有梏亡之矣（朱熹注：言人之良心雖已放失，然其日夜之間，亦必有所生長。故平旦未與物接，其氣清明之際，良心猶必有發見者。但其發見至微，而旦晝所為之不善，又已隨而梏亡之，如山木既伐，猶有萌蘖，而牛羊又牧之也。）。梏之反復，則其夜氣不足以存（白天又去做戕害仁義的事，夜氣所養回的一點仁義之心就存不住了）；夜氣不足以存，則其違禽獸不遠矣。人

見其禽獸也，而以為未嘗有才焉者，是豈人之情也哉？（趙岐注：其所為萬事有梏亂之，使亡失其日夜之所息也。梏之反覆，利害於其心，其夜氣不能復存也。人見惡人禽獸之行，以為未嘗存善木性，此非人之情也。朱熹注：至於夜氣之生，日以寖薄，而不足以存其仁義之良心，則平旦之氣亦不能清，而所好惡遂與人遠矣。）。故苟得其養，無物不長；苟失其養，無物不消。孔子曰：『操則存，舍則亡；出入無時，莫知其鄉。』惟心之謂與？」（仁義之心，需要好生存養。心的操存之道是不放縱，因為它很活躍，不會限定在某處，所以需要操持而存養之）。（《告子》上）

案：孟子又說：「君子所性，仁義禮智根於心」（《盡心》上）。人之品格不高、行事不美，非無有仁義禮智之心，乃因為放而不收，以至於消亡無蹤。當此性端在，夜氣將養，便可見其萌芽。朱熹的看法，清晨時，人們尚未接觸事之前，這時候加以反省，必有良心發現。此時存養其心，是以清明之氣，接續了夜氣，保存了夜氣所涵養的心體。當然，白日裡操存不舍，遠離禽獸行，是更重要的保存夜氣。

因體而明用，因夜氣之生發，而知操存。反省於未發，從這裡可看到工夫下手處。

# 二、四端說

原文及注解：孟子曰：「人皆有不忍人之心。先王有不忍人之心，斯有不忍人之政矣。以不忍人之心，行不忍人之政（有不忍害人之心，才有不忍傷民之政），治天下可運之掌上。所以謂

人皆有不忍人之心者，今人乍見孺子將入于井（猝然看到小孩子快掉到井裡去了），皆有怵惕惻隱之心，非所以內交于孺子之父母也，非所以要譽于鄉黨朋友也，非惡其聲而然也（自然會發出惻隱之心，而不是出於私心計慮）。由是觀之，無惻隱之心，非人也；無羞惡之心，非人也；無辭讓之心，非人也；無是非之心，非人也（與惻隱之心相同，人人都還有羞惡、辭讓、是非之心，稱四心。朱熹注：言人若無此，則不得謂之人，所以明其必有也）。惻隱之心，仁之端也；羞惡之心，義之端也；辭讓之心，禮之端也；是非之心，智之端也（四心，是可以被感受到的已經發出的情緒，各相應來自于人心中的仁義禮智之性，是仁義禮智的發端。朱熹注：心，統性情者也。端，緒也。因其情之發，而性之本然可得而見，猶有物在中而緒見於外也。）。人之有是四端也，猶其有四體也。有是四端而自謂不能者，自賊者也（人有仁義禮智就像是有五官四肢，如果被私心計慮掩蓋了惻隱羞惡辭讓是非之心，而說自己不能為善，那是自己害自己）；謂其君不能者，賊其君者也。凡有四端於我者，知皆擴而充之矣。若火之始然，泉之始達。苟能充之，足以保四海；苟不充之，不足以事父母（朱熹注：此章所論人之性情，心之體用，本然全具，而各有條理如此。學者於此，反求默識而擴充之，則天之所以與我者，可以無不盡矣）。」（〈公孫丑〉上）

　　案：仁義禮智看不見摸不著，但是，或夜深人靜，或良心發現，或看嚴肅的文藝作品而為其中的喜怒哀樂所打動，則惻隱羞惡辭讓是非之心，脫離了利害計較、肉體驅馳，猝然發見了。就知道我心中仁義禮智之性本是在的，也知道人人心中四端都是在的。若能珍惜此一善端閃現，而時時檢視，由內而

外，由近而遠，由小而大，加以擴充，人格自我不斷完善，更「可保安四海之民」。

擴充四端，孟子的指點，不可謂不親切也。既見心之本體，則擴充有方矣。

# 三、養氣說

原文及注解：（孟子說：）「夫志，氣之帥也。氣，體之充也。夫志至焉，氣次焉。故曰持其志，無暴其氣。」（這是孟子說的。志是心之所向，所以指揮其心，所以為主。氣，依徐復觀先生說，即由生理所形成的生命力。所以形氣並稱，所以現喜怒哀樂，受志的指揮，而為次。志要保持，氣也要受約束）。（公孫丑問：）「既曰志至焉氣次焉，又曰持其志，無暴其氣者，何也？」（抓住關鍵的志不就可以了嗎？孟子答）曰：「志壹則動氣，氣壹則動志也。今夫蹶者趨者，是氣也，而反動其心。」（形氣可以反動其心志，所以說氣不能亂也同樣重要。公孫丑又問孟子：）「敢問夫子惡乎長？」（有何長處才得以兩者兼修？孟子答）曰：「我知言。我善養吾浩然之氣。」（能辨別言語思想。善於養我的浩然之氣。公孫丑問：）「敢問何謂浩然之氣？」（孟子答）曰：「難言也（養氣這事情，很難用言語文字說請楚）。其為氣也，至大至剛（廣大無邊，陽氣剛健。朱熹注：蓋天地之正氣，而人得以生者，其體段本如是也），以直養而無害（認取、恢復而不害其至大至剛），則塞於天地之閑（朱熹注引程子曰：「浩然之氣，乃吾氣也。養而無害，則塞乎天地」）。其為氣也，配義與道；無是，餒也（養成至大至剛之氣，還要講究道義以合助，才能充實久長）。是集義所

生者，非義襲而取之也。行有不慊於心，則餒矣（義，本是人心中自有，而發見於行事，行事處處合於義，氣便充滿。義不是偶見於事而我取之）。我故曰，告子（孟子同時人，是孟子的論敵）未嘗知義，以其外之也（告子認為義是在外的）。必有事焉而勿正心，勿忘勿助長也（養氣，要見於事，但不能急切用心；這就叫勿忘、勿助長）。（〈公孫丑〉上）

　　案：養氣與集義不可偏廢。偏在氣上，究竟踏空蹈虛，就是忘了。偏在事上，見得斷續無根，就是助了。說「養氣」很難，沒有實下工夫，實在無法與言。孟子說「難言也」，可見是實有體驗的話，是他實實見到了。既下工夫去養氣，便不能不在事上磨練，所謂「必有事焉」；但是，義與道，在孟子看來，屬於氣之「配」，歸結地要回頭看到至大至剛的「氣」。徐復觀先生說：「研究中國文化，應在工夫、體驗、實踐方面下手，但不是要抹煞思辨的意義」，可謂至言！

2015-6-19

# 朱子之由「牧齋」到「困學」

## 一、

　　宋高宗紹興二十一年辛未，朱子以「牧齋」名其書齋。紹興二十五年乙亥，朱子 26 歲，在同安縣主簿任上編訂自作詩集《牧齋淨稿》。此一詩集收入之詩，即自紹興二十一年、朱子 22 歲時所作〈題謝少卿藥園二首〉起，至乙亥〈祠事齋居聽雨呈劉子晉〉止，共五年間所作詩 111 篇計 155 首。約在紹興二十八年戊寅，朱子自謂「以『困學』名予燕居之室」（《文集‧困學恐聞編序》卷七十五）。延平卒於隆興元年，《困學恐聞編》成於隆興二年甲申，朱子年 35。本文為敘述方便，所謂「由牧齋到困學」，即指朱子 22 歲至 35 歲這一時期；前後的「牧齋時期」與「困學時期」之間，約有 3 年之隔，則朱子彷徨兩間、苦探力索之時期。

　　此一時期，世有「棄儒入禪」、「逃禪歸儒」之說，但對於宋儒而言，此實是問學經歷的常態，研究及定性上過度放大似非其宜。為瞭解這一點，需要先對兩個背景作一交代。

　　其一，宋儒之出入佛老，乃學理探索之必然。關於這一點，徐復觀先生說得極好，今具引於次，以免我之贅述：

> 宋學一開始便負有一種消極的任務，即是要吸收佛老的
> 成果，又要從佛老中轉出來。佛談三世，老談有無，而
> 儒只談現在，這在理論構造上的外型上，似乎比不過佛
> 老的高大完整，於是儒家也不能不重新構建一套形而上
> 學出來，解答宇宙人生的來龍去脈，以與佛老爭一日之
> 長短。這種努力基本是屬於知性的活動。其次，由天
> 台、華嚴、尤其是禪宗，對人類的「心」，作了一番探
> 險與墾荒的工作，把印度佛教的宗教性格，完全轉移于
> 中國人文精神之中，而成為『中國佛教』。要從此種佛
> 教中完全轉出來，並不能否認他們在心的方面墾荒的成
> 果，因為這本是中國文化自己的方向。（《象山學述》《中
> 國思想史論集》臺灣學生書局，1973 年三版，頁 34）

　　補充說，宋儒幾無一人不牽涉佛老，這到了朱子時，早已
成為學儒的必由之路。

　　因為既然要談心性，便無法忽視佛家的理論、方法與實
踐，不經由一番「操戈入室」的過程，不獨無能力辨禪之非，
亦於儒家心性之學不能深入。特別地，宋儒似乎格外地避嫌於
禪，由朱陸辨太極圖可見，他們挑剔指責的重話就說對方雜了
禪學；正因此，宋儒學問傳承，在心性工夫上，並未、以我看
來似乎是故意回避，形成一套固定的程式。朱子說象山「不說
破」，其實程朱一系宋學正統亦何嘗說破。由此，造成了儒子
隨著問學深入，不能不親入虎山的局面。「此正如朱子所說：
「（某人云）『明道曾看釋老書，伊川則莊列亦不曾看』。先生

（朱子）云：『後來須著看。不看，無緣知他道理』」（《朱子語類》卷九十三，以下簡稱《語類》）。朱子又有一段話，簡當地指出了當時儒學在學理上的困局：「今之學者往往多歸異教者，何故？蓋為自家這裡工夫有欠缺處，柰何這心不下，沒理會處。又見自家這裡說得來疏略，無個好藥方治得他沒柰何底心；而禪者之說，則以為有個悟門，一朝入得，則前後際斷，說得恁地見成捷快，如何不隨他去！此卻是他實要心性上理會了如此。不知道自家這裡有個道理，不必外求，而此心自然各止其所。非獨如今學者，便是程門高弟，看他說那做工夫處，往往不精切」（《語類》卷一百二十六）。這一點，在我們考察朱子思想形成過程的時候，是應該有所察識的。

其二，儒子與佛老往還，佛家往往樂於誇示。儒佛老往還，似乎是一件中國歷史上相當奇妙的事。佛教之入中國，固無血雨腥風；儒子之於佛，雖常見以辟佛言，卻不以往還為忤。五代寺僧讀韓文、宋初胡瑗孫復讀書於泰山棲真觀，皆是時勢所必有；書院與寺觀的代興，亦千年來之常態。宋儒之出入佛老，一般的觀感上，似乎是看做風雅的事。在日常生活方面，送別、客旅、遊覽，多以寺觀為居停，似乎是很難避免也不需要避免的事。但在思想學術上贊同，則易受到詬病。而在僧道方面，自來樂道與儒家的往還，佛經的扉頁上既要印「皇圖永固」之類的話，留意於結交儒人、士子、官宦則是情理中事。故許多儒子與僧道往還故事，為儒籍之所不載者，多見載於佛書。但是，對於佛書所記載的此類事，是需要謹慎甄別的。即以朱子所親歷的兩件事為例：

1、紹興二十九年，朱子作《謝上蔡語錄後序》，考此書三種版本來歷，中謂吳中板本「所增多猶百余章，然或失本指、雜他書，其尤者五十餘章，至詆程氏以助佛學，直以或者目程氏，而以『予曰』自起其辭，皆荒浪無根，非先生所宜言，亦不類答問記述之體，意近世學佛者私竊為之，以尢其術」。「學佛者」云云，皆是指的佛家人物的客氣話（《晦庵先生朱文公文集》卷七十五，以下簡稱《文集》）。這是個擅增的例子。

2、朱子《答孫敬甫》第四書謂：「少時喜讀禪學文字，見杲老（今案即宗杲大慧）與張侍郎（案即張大韶）書云：左右既得此把柄入手，便可以改頭換面，卻用儒家言語說向士大夫，接引後來學者（案，朱子小字：其大意如此，今不盡記其語矣）後見張公經解文字，一用此策。……但杲老之書，近見藏中印本，卻無此語。疑是其徒已知其陋，而陰削去之」（《文集》卷六十三）。這是個擅刪的例子。由此，學者在引用佛書這方面資料時，特別需要下一番擇檢甄別的工夫，未可輕斷其是。

# 二、

在以上的背景下，我們來考察牧齋時期朱子之出入佛老，容易看出朱子秉持的是儒家立場。《牧齋淨稿》所收入五年間的詩，是朱子出入佛老最集中時期的詩，其中訪僧問道、誦經焚修，構成了朱子生活的一部分。但在第三年，即紹興二十三年癸酉，朱子赴同安任，作有《牧齋記》，則對此一時期的心路作了清晰的表述。全文如下：

余為是齋而居之三年矣。饑寒危迫之慮，未嘗一日弛於其心。非有道路行李之勞，疾病之憂，則無一日不取「六經」「百氏」之文，以誦之於茲也。以其志之篤、事之勤如此，宜其智益加明、業益加進，而不知智益昏而業益墮也。以是自咎，故間而思之。夫挾其饑寒危迫之慮，以從事于聖人之門，而又雜之以道路行李之勞，疾病之憂，有事物之累，無優遊之樂。其于理之精微，索之有不得盡；其於事之是非、古今之成敗興廢之故，考之有不得其詳矣。況古人之學，所以漸涵而持養之者，因未嘗得施諸其心，而措施其躬也。如此，則凡所為早夜孜孜，以冀事業之成而詔道德之進者，亦可謂妄矣。然古之君子，一簞食瓢飲而處之泰然，未嘗有戚戚乎其心而汲汲乎其言者，彼其窮於當世有甚于余，而有以自得於己者如此，必其所以用心者或異於予矣。孔子曰：「貧而樂」，又曰：「古之學者為己」。其然也，豈以饑寒者動其志，豈以挾策讀書者而謂之學哉。予方務此以自達於聖人也，因述其所以，而書其辭於壁以為記。（《文集》卷七十七）

　　案：此文之出發點及歸結點，全在儒家立場。首先，朱子三年來，「無一日不取六經、百氏之文，以誦之於茲也」，即有涉獵佛道之書，乃在經餘；此其一。朱子這幾年的治學環境不好，有「饑寒危迫之慮」、有「道路行李之勞」、有「疾病之憂」，若據錢穆先生的意見，佛老往往給人生以慰藉，則適

當朱子一面之需；此其二。朱子慨歎其所未得者，乃「優遊之樂」，此樂，從明道囑二程「尋孔顏樂處」來看，不在環境的好壞，而在個人的修為，佛老見得非其關鍵；此其三。朱子自我檢討所見的問題是：甲、「於理之精微，索之有不得盡」；乙、「所以漸涵而持養之者，因未嘗得施諸其心，而措施其躬也」；此其四。最後，朱子所期望於自己的，是達到孔子「貧而樂」的境地，其榜樣，則是顏回之「一簞食瓢飲而處之泰然」。簡潔地說，朱子期望在自己的心地上下工夫，放棄「挾策讀書」，以求得聖賢之「所以用心」。此其五。

朱子之所以出入佛老，除了上文提到的大時代背景之外，其直接原因蓋有如下數端：

一、胡籍溪、劉勉之（白水）、劉子翬（屏山）三先生之涉佛對朱子自然而然產生的影響：三先生中，白水雖涉佛而未深，對朱子的影響似僅在行跡間。至於籍溪與屏山，朱子自謂：「初師屏山、籍溪。籍溪學於文定，又好佛老；以文定之學為論治道則可，而道未至，然於佛老亦未有見。屏山少年能為舉業，官莆田，接塔下一僧，能入定數日。後乃見了老。歸家讀儒書，以為與佛合，故作聖傳論。」（《語類》卷第一百四）。籍溪「好佛老」而「未有見」，對於青年朱熹，作用似在啟發其探究。屏山雖不與朱子言禪，但卻深於禪。朱子所作《屏山墓表》謂屏山自道：「吾少未聞道，官莆田時，以疾病始接佛老之徒，聞其所謂清淨寂滅者而心悅之，以為道在是矣。比歸讀吾書而有契焉，然後知**吾道之大，其體用之全**乃如此。」這一段屏山自述，因近佛老而讀儒書，然後知儒家之

道大、體用之全。從屏山對朱子的授學看，其影響確然以儒學為主體，不必贅述了。《語類》卷一百四又載：「某年十五六時，亦嘗留心於此。一日在病翁所會一僧，與之語。其僧只相應和了說，也不說是不是；卻與劉說，某也理會得個昭昭靈靈底禪。劉後說與某，某遂疑此僧更有要妙處在，遂去扣問他，見他說得也煞好。及去赴試時，便用他意思去胡說。是時文字不似而今細密，由人粗說，試官為某說動了，遂得舉。」由此可見，屏山對朱子探究佛老的推動力，在三先生為最大。但若說朱子因學佛中舉，卻太缺乏說服力。朱子從學屏山，所學已非止於舉子業，如朱子後來說的：「先生始亦但以舉子見期，某竊窺見其自為與教人者若不相似，暇時僭請焉。先生嘉其志，乃開示為學門戶朝夕誨誘不倦」，其文章識見已經大大過於一般學者，更重在學習屏山「自為」之學。「用他意思去胡說」，概謙辭，不可理解為說了一通禪而得中舉；大概「引禪入儒」，或相去不遠。如《語錄》謂：「某少年時，只做得十五六篇舉業，後來只是如此發舉及第。」是做舉業為本，若如今人廣泛徵引的說只帶得一本宗杲語錄，以此中舉，似是誇大了。況此事亦只見載於佛書，如宋蘊聞編《大慧普覺禪師語錄序》、元念常集《佛祖歷代通載》卷三。又據《年譜》，朱子舉建州鄉貢，「考官蔡茲謂人曰：『吾取中一後生，**三篇策皆欲為朝廷措置大事**，他日必非常人。』」這又豈是一本《大慧語錄》能了事的？

二、朱子身弱多病，亦是問道參禪之契機；《牧齋淨稿》中此類詩甚多，隨舉數例：紹興二十二年〈讀道書六首〉之三：

「東華綠髮翁，授我不死方；願言勤修學，接景三玄鄉。」之四：「不學飛仙術，日日成醜老。」紹興二十三年〈寄山中舊知七首〉：之一「超世慕肥遯，煉形學飛仙。未諧物外期，已絕區中緣。」案：山中舊知亦是道家人物。觀詩集，言道比言釋要多，且如「作室為焚修之所」、作步虛詞，常所誦經則道家物：「靜披笈中素，流味東華篇；朝昏一俯仰，歲月如奔川；世紛未雲遺，杖此息諸緣」；乃至任職同安而生「孤鶴思太清」之歎。凡此，一方面如屏山「以疾病始接佛老之徒」，修養身心，是一件自然而然不足為奇的事。另一方面，也可以看出，若朱子曾如師事三先生般師事道謙，則是明白背叛師門，而所述同時與道家的關係亦決不能如此。[1]至於佛書所載朱子〈祭開善道謙禪師文〉，文辭甚鄙吝，至有「揮金辦供」之類，與朱子此一階段蒼勁雅馴之文風斷不相侔。[2]

---

[1]　道謙弟子極少，《五燈會元》卷二十所記，開善謙禪師法嗣不過吳十三道人一人而已；則雖佛家記載，對於朱子之「師事」道謙，亦不敢肆意捏造。

[2]　近有學者謂，朱子屢言「乾屎橛」「麻三斤」，此看話禪工夫正是道謙所親傳。案，據考，此類話當時已經盛傳，《朱文公文集》卷六十「答許生」即言：「夫讀書不求文義，玩索都無意見，此正近年釋氏所謂看話頭者。俗書有所謂《大慧語錄》者，其說甚詳，試取一觀，則其來歷見矣。」其更早，北宋景德元年（1004）東吳道原撰《景德傳燈錄・義玄禪師》便有：「時有僧問：『如何是無位真人？』師便打，云：『無位真人是什麼乾屎橛！』」此類例子甚多，朱子齒及，正不須疑為密相授受所得。況且，所謂「乾屎橛」「麻三斤」，只是公案例，不是話頭。話頭在其前：「如何是西來意？」、「念佛者誰？」之屬。

三、朱子在三先生處，無法解決其治學所面臨的問題。作《牧齋記》之前四年與前六年，屏山、白水相繼辭世，而籍溪之學，「為論治道則可，而道未至」。故朱子自知，「早夜孜孜，以冀事業之成而詔道德之進者，亦可謂妄矣」，所欲求聖人之用心而自達於聖人，更渺然難尋。這是一。朱子之志，本不在舉業，起初屏山大概只以舉業教朱子，後來朱子觀察屏山志趣與所教不同，所以把心志對屏山挑明。屏山乃「開示為學門戶，朝夕誨誘不倦」，方高看朱子一頭，傾心傳授。朱子十九歲中進士之後，面對「功成名就「，秀才的舉子業已經了結，朱子孜孜以求的「為己之學」更突出地擺在其面前，但是前路不明使得朱子倍感惆悵無歸；在《牧齋記》和《牧齋淨稿》都可以看到這種情緒。《淨稿》開首第一篇便是〈題謝少卿藥園二首〉，之二：「小儒忝師訓，迷謬失其方。一為狂暗病，望道空茫茫。頗聞東山園，芝木緣高岡，暗聾百不治，效在一探囊。再拜藥園翁，何以起膏肓。」這與《讀道書六首》：之一：「清夜眠齋宇，終朝觀道書，形忘氣自沖，性達理不餘。於道雖未庶，已超名跡拘；至樂在襟懷，山水非所娛。寄語狂馳子，營營竟焉如」，正可以相參。朱子已深戒名利心，以營營為可笑，以隨波逐流的「墮塵網」為「失志」。此類皆是儒家原有之意而為當時士人所背棄，朱子似欲借佛老心性修為而得免。此一層，亦深值得注意。

　　朱子治學所面臨的問題，正是《牧齋記》中提到的聖賢處世的所以用心：朱子的困惑是「智益昏而業益墮」。思想無長進，學問無進步；即於其「道」無所得。根本原因是：「古人

之學，所以漸涵而持養之者，因未嘗得施諸其心，而措施其躬也」。怎麼是個解決的辦法呢？「孔子曰：『貧而樂。』又曰：『古之學者為己。』其然也。豈以饑寒者動其志，豈以挾策讀書者而謂之學哉！」要從事為己之學，不怕貧窮困苦，以此立志，「以自達于聖人也」。可參證《文集》卷四十〈答何叔京〉第一書：「熹少而魯鈍，百事不及人，獨幸稍知有意于古人為己之學，而求之不得其要。晚親有道，粗得其緒餘之一二，方幸有所向而為之焉，則又未及卒業而遽有山頹梁壞之歎，悵悵然如瞽之無目，擿埴索途，終日而莫知所適。以是竊有意于朋友之助。顧以鄙樸窮陋，既不獲交天下英俊以資其所長，而天下之士其聰明博達足以自立者，又往往流於詞章記誦之習，少復留意於此。」此信作於延平去世後，則朱子探索為己之學，先後一貫未嘗少輟。並且，在三先生處並未得到滿足，所以走向佛老，在當時朱子的機遇中，是最順理、最可取、最方便、最可能滿足其求學精神的延伸。

# 三、

朱子離開佛老的原因，蓋有如下數端：

## (一)學佛以促進學儒的路，朱子走不通。

朱子為學宗旨既先後一貫，則出入佛老最終帶來的是失望。正如朱子之所自言：「先君子之余誨，頗知有意於為己之學，而未得其處，蓋出入釋老者十餘年，近歲以來獲親有道

（案，指師事延平），始知所向之大方。」（《文集》卷三十）「屏山少年能為舉業，官莆田，接塔下一僧，能入定數日。後乃見了老（天童正覺大弟子思徹禪師，號了堂）。歸家讀儒書，以為與佛合，故作聖傳論。其後屏山先亡，籍溪在。**某自見於此道未有所得，乃見延平**」（《語類》卷一百四）。此「道」非他，乃朱子牧齋時期孜孜以求的「自達于聖人」之道，經過了學習、思考和請益，最後選擇了延平。正因為朱子經歷此一番九轉之功，所以看得儒佛兩條道路相去天壤，如說：「儒者以理為不生不滅，釋氏以神識為不生不滅。龜山云：『儒釋之辨，其差眇忽。』以某觀之，真似冰炭！」（《語類》卷一百二十六）儒佛兩家之工夫，相去看似不大，但卻根本不同：「元來此事與禪學十分相似，所爭毫末耳。**然此毫末卻甚占地步**」（《文集·續集》卷五〈答羅參議〉）。比較語意，龜山所重在於「其差眇忽」，朱子所重則在於「甚占地步」。面對這樣的兩條道路的選擇，朱子也是自然而然地放棄了繼續在佛學上的探索。他覺得已經足夠看透了：「禪只是一個呆守法，如『麻三斤』、『乾屎橛』。他道理初不在這上，只是教他麻了心，只思量這一路，專一積久，忽有見處，便是悟。大要只是把定一心，不令散亂，久後光明自發。所以不識字底人，才悟後便作得偈頌。悟後所見雖同，然亦有深淺。某舊來愛問參禪底，其說只是如此。其間有會說者，卻吹噓得大。如杲佛日之徒，自是氣魄大，所以能鼓動一世，如張子韶、汪聖錫輩皆北面之。」（《語類》卷一百二十六）

(二)僧家之禪與行不相應。

> 僧家所謂禪者，於其所行，全不相應。向來見幾個好
> 僧，說得禪，又行得好，自是其資質為人好耳，非禪之
> 力也。所謂禪，是僧家自舉一般見解，**如秀才家舉業**
> **相似，與行己全不相干**。學得底人，有許多機鋒將出
> 來弄。一上了，便收拾了。到其為人，與俗人無異。只
> 緣禪只是禪，**與行不相應**耳。僧家有云「行解」者，
> 行是行己，解是禪也。（《語類》卷一百二十六）

　　和尚們說禪，盡說得好，但行事是另一模樣；於是就像秀
才習舉業，盡在詞章上費工夫，全不是「為己之學」。這一點
讓朱子看穿後，應該是刺激最深的，因為如前所述，朱子所追
求的，只在於為己之學。出入佛老既不能滿足治學目的，退出
也就順理成章了。至於禪僧為人，朱子亦略有記述：

> 今年往莆中吊陳魏公，回途過雪峰，長老升堂說法，且
> 胡鶻過。及至接人，**卻甚俗**，只是一路愛便宜。才說
> 到六七句，便道仰山大王會打供。**想見宗杲也是如**
> **此**。（《語類》卷一百二十六）

> **近世如宗杲，做事全不通點檢，喜怒更不中節**。（《語
> 類》卷一百二十六）

韓退之詩：「陽明人所居，幽暗鬼所寰。嗟龍獨何智，
出入人鬼間」。今僧家上可以交賢士大夫，下又交中貴
小人，出入其間不以為恥，所謂「**出入人鬼間**」也。
如妙喜（即宗杲）與張魏公好，又與一種小人小官好。
（《語類》卷一百二十六）

**禪僧自云有所得，而作事不相應，**觀他又安有睟面盎
背氣象！只是將此一禪橫置胸中，遇事將出，事了又
收。大抵只論說，不論行。（《語類》卷一百四）

　　總結地說，出入佛老未能使朱子從事於為己之學、走在自
達於聖賢的道路上。淺言之，朱子發現，問道參禪與德行的增
長無關，與自身氣質的變化無關。這使得朱子落入更深一層的
困頓。這時，他又想起幾年前曾拜會的李延平說過的話，於是
提筆寫去了一封信。他終於要走出「牧齋」了。

# 四、

　　朱子自紹興二十三年癸酉六月見延平後，並無音訊往來。
直至紹興二十七年丁丑五月，方致函延平。為何此時朱子要致
函於延平？朱子思考未決的問題是什麼？這裡便需要略述朱子
初見延平時的想法。

　　紹興二十三年，朱子 24 歲，其年五月赴任同安，取道南
劍、福州，莆田、泉州到同安。經南劍時往劍浦城南拜會李

侗，是為始見。朱子這時候的思想，還須參見上文引出過的這一條：「一日在病翁所會一僧，與之語。其僧只相應和了說，也不說是不是；卻與劉（即病翁）說，某也理會得個昭昭靈靈底禪。劉後說與某，某遂疑此僧更有要妙處在，遂去扣問他，見他說得也煞好」。這僧當是道謙，他背後評論朱子當時已經「理會得個昭昭靈靈底禪」；朱子因此去扣問，並也讚賞道謙說得好，便多所請益，下了不少工夫。所以始見延平，便說許多道理；被延平窺出破綻，那些只是嘴上道理、非從實行實事中印證得來：

「初見李先生，說得無限道理。李先生云：汝恁地懸空理會得許多，而面前事卻有理會不得。道亦無玄妙，只在日用間實做工夫處理會，便自見得。」（王譜引語錄）朱子又說：「後赴同安任，時年二十四五矣，始見李先生。與他說，李先生只說不是。**某卻倒疑李先生理會此未得**。再三質問。李先生為人簡重，卻是不甚會說，只教看聖賢言語。某遂將那禪來權倚閣起，意中道，禪亦自在，且將聖人書來讀。讀來讀去，一日復一日，覺得聖賢言語漸漸有味。卻回頭看釋氏之說，漸漸破綻罅漏百出」。這裡看出幾點：1、朱子說的儒家道理，延平批評為「懸空理會」。2、延平教朱子的對治之方，是「只在日用間實做工夫處理會」。3、朱子並不服氣，反覺得「李先生理會此未得」。4、在同安任上，朱子亦按延平所教，「且將聖人書來讀」，而且是比較著道、禪來讀。

朱子後來認識到自己的問題：「余之始學，亦務謂龍侗宏闊之言，好同而惡異，喜大而恥於小。於延平之言，則以為何

為多事若是，心疑而不服。」（《趙師夏跋延平答問》）所以初見
延平，雖並未服膺接受延平之學，但是，「同安官餘，反復思
之，始知其不我欺矣」；並且，也依照延平意思，深讀聖人之
書。這就為後來從學延平埋伏下契機。至於牧齋時期朱子所讀
的對其思想影響顯著的聖人之書，可略見如下：

朱子後來多次提起夜讀《論語》事：「一日夜坐，聞子規
聲。先生曰：舊為同安簿時，下鄉宿僧寺中，衾薄不能寐。是時
正思量『子夏之門人小子』章，聞子規聲甚切。思量此章，理會
不得，橫解豎解，更解不行，又被杜鵑叫不住聲。今才聞子規
啼，便記得是時。」（《語類》卷四十九）又說：「某舊年思量義理
未透，直是不能睡。初看子夏『先傳後倦』一章，凡三四夜，
窮究到明，徹夜聞杜鵑聲。」「某往年在同安日，因差出體究
公事處，夜寒不能寐，因看得子夏論學一段分明」（《語類》卷
一百四）。說的都是同一件事，可見印象之深、收穫之大。

關於讀《孟子》：「官滿，在郡中等批書，已遣行李，無
文字看，於館人處借得《孟子》一冊熟讀，方曉得『養氣』一
章語脈。當時亦不暇寫出，只逐段以紙簽簽之云，此是如此
說。簽了，便看得更分明。後來其間雖有修改，不過是轉換
處，大意不出當時所見。」（《語類》卷一百四）

紹興二十七年丁丑春三月，再還同安候代者。假居縣人陳
良傑之館，名其室「畏壘庵」，居七月餘，有《畏壘齋記》、
《論語》筆劄十篇（見稱為《論語要義》和《論語精義》稿本）。畏壘
庵中，亦讀上蔡之《上蔡語錄》、《論語解》。

同年五月給延平寄去第一封問學書（案，此書已佚）。我們

可以從六月二十六日李侗復書（《延平答問》第一書），看到朱子請教延平的問題，當頭便是儒家工夫的「涵養用力處」。延平復信不長，具引於次：「承諭涵養用力處，足見近來好學之篤也，甚慰甚慰。但常存此心，勿為他事所勝，即欲慮非僻之念自不作矣。孟子有夜氣之說，更熟味之，當見涵養用力處也。于涵養處著力，正是學者之要。若不如此存養，終不為己物也。更望勉之」。正應上年七月朱子「於館人處借得《孟子》一冊熟讀，方曉得『養氣』一章語脈」。此一問非同小可！若說朱子從禪宗有所得，得的正是禪法之工夫（詳見下文），但同時也感受到佛道的弊病。朱子在此苦惱中忽從《孟子》書中悟到儒家工夫的「養氣」一節，心中的欣喜實無異大旱之望雲霓。此一番收穫是否的確，朱子自然渴望求證。由延平的指點，朱子方確信儒家工夫可以自足，**亦始服膺延平**，從此開始「從遊十年」。次年，紹興二十八年戊寅正月，往拜延平，相處月餘。朱子與人的書信中談及這次拜會中的談論相得：「熹頃至延平見李愿中丈，問以一貫忠恕之說；見謂：『忠恕正曾子見處，及門人有問，則亦以其所見論之而已，豈有二哉！』熹復問以近世儒者之說如何？曰：『如此則道有二致矣。非也！』其言適與卑意不約而合。」[3]（《文集》卷三十七〈與范直閣〉）此後之問學延平，以《延平答問》戊寅年信為例可

---

[3]　程子認為，《論語》中曾子的忠恕一貫之說，與《中庸》的「忠恕違道不遠」，兩個忠恕不同。程子意思，違道不遠，是「以己及物、推己及物」；忠恕一貫，是大本達道。朱子意思，忠恕為道之體用，體一本，用萬殊。延平所論與朱子合。

見：七月十七日書，問《論語》、問《春秋》，共問「三年無改于父之道」等五條。冬至前二日書，問《論語》、問《春秋》、問《詩》，共問「亦足以發」與「起予」之意等十一條。十一月十三日書，復問《孟子》夜氣章一條。

朱子心中所存問題及其師從延平的原因，於此可以見其大概了。朱子〈與范直閣〉書，如此評價李延平：「李丈名侗，師事羅仲素先生。羅嘗見伊川，後卒業龜山之門，深見稱許，其棄後學久矣。李丈獨深得其閫奧，經學純明，涵養精粹；延平士人甚尊事之，請以為郡學正，雖不復應舉，而溫謙愨厚，人與之處，久而不見其涯，翕然君子人也。」

但我們也看到，朱子初期問學所重，雖因延平一搬龍頭，由務虛轉而務實，但卻更在意於文章。而延平之治學，實是內外兩頭扣住的；其內：「危坐終日，以驗夫喜怒哀樂未發前之氣象為如何，而求所謂中者」；其外，「大而天地之所以高厚，細而品彙之所以化育，以至於經訓之微言，日用之小物，折之於此，無一不得其衷焉」（《文集》卷九十七）。導致朱子此一時期治學傾向的，一來，是朱子所問從涵養起，而延平便要引導他計較「面前事」，這也是四年前的餘音。朱子後來說，「讀子夏之門人章，知聖學不可厭末求本，與延平之初教相合」（〈答許生〉，《文集》卷六十）。[4]二來，朱子自謂：「李先生

---

[4]　「涵養」一事，尚屬在內工夫，延平肯定了朱子的方向，並指示讀孟子夜氣說；聯繫到四年前延平對朱子說的，卻是「只在日用間實做工夫處理會」。這裡的區別何在呢？概當時朱子引禪入儒，根本的立腳點不

教人，大抵令於靜中體認大本未發時氣象分明，即處事應物自然中節。此乃龜山門下相傳指訣。**然當時親炙之時，貪聽講論，又方竊好章句訓詁之習**，不得盡心於此，至今若存若亡，無一的實見處，辜負教育之意。每一念此，未嘗不愧汗沾衣也」（《宋元學案》卷三十九）。[5]這段十幾年後說的話，把兩面意思都說盡了；到那時，朱子回過頭來，走向了他的涵養工夫的最高峰。但在這時，卻為「困學」，也即「有聞未之能行」之歎，發其端緒。

# 五、

對於朱子師事，欣喜之情不遜於朱子的，還有李延平自己，其〈與羅博文書〉中謂：「元晦進學甚力，樂善畏義，吾黨鮮有」、「此人極穎悟，力行可畏。講學極造其微處，**渠所論難處，皆是操戈入室，從源頭體認來**，所以好說話。某昔從羅先生得入處，後無朋友，幾放倒了，得渠如此，極有益。**渠初從謙開善處下工夫來，故皆就裡面體認。**今既論難，見儒者路脈，極能指其差誤之處。自見羅先生來，未見有如此

---

同，所以李先生只說不是。現在卻不同，請教的是儒家的「用心於內」（《存齋記》）工夫了，所以得延平認可。

5　又如，紹興三十年庚辰，延平《與羅博文書》中謂：「初講學時，頗為道理所縛，今漸能融釋於日用處，一意下工夫。若於此漸熟，則體用合矣。此道理全在日用處熟，若靜處有動處無，即非矣。」（引自王白田年譜，頁18）。則延平初教「不可厭末求本」之語，非無端矣！

者。」（引自王譜，頁18）

　　所謂「從源頭體認來」、「就裡面體認」，皆指明朱子學問路徑做在根本處，延平對此乃極表贊許。舉例說：庚辰年七月書之討論《中庸》，延平謂：「又據孟子說，必有事焉至於助長不耘之意，皆似是言道體處。來論乃體認出來，學者正要如此，但未知用時如何脗合渾然、體用無間乃是。不然非著意非不著意溟溟涬涬，疑未然也」。此處便稱朱子體認出了道體，接著指點要「體用無間乃是」。又謂：「來論以謂能存養者無時不在，不止日月至焉，若如此時，卻似輕看了也。如何？」這裡是點撥朱子，不可把存養工夫看得如此容易。再如庚辰年十一月十三日書：「又所謂但敬而不明於理，則敬特出於勉強，而無灑落自得之功，意不誠矣。（案，此是引朱子去函中語；以下為延平答語）灑落自得氣象，其地位甚高，恐前數說方是言學者下工夫處，不如此則失之矣。由此持守之久，漸漸融釋，使之不見有制之於外。持敬之心，理與心為一，庶幾灑落爾」。灑落自得，是很高的修為；但「敬而不明於理」，卻是學者正當用功的初階；此兩層實不相接。延平在這裡只是委婉地勸說朱子踏實用工夫，勿作未見得之論。再如庚辰七月書謂：「又云：因看『必有事焉而勿正心勿忘勿助長』數句，偶見全在日用間非著意非不著意處，才有毫髮私意便沒交涉。此意亦好，但未知用處卻如何，須吃緊理會這裡始得。」這裡也是肯定其涵養處，而把用功方向撥往日用處。以上隨舉數例，其凡所討論皆從裡面說，從心性修養發出，而延平更提醒朱子致力於日用處實做工夫，也就是「理會分殊」。因為朱子曾有

參禪問道的經歷和工夫，所謂「從謙開善處下工夫來」，所以延平覺得討論相得，「好說話」。

　　也是因此，《延平答問》丁丑年六月第一書，次年戊寅第二書，所答問皆語氣肯定；而此下之第三書開始，有許多商議的話，如第三書：「承示問，皆聖賢之至言，某何足以知之。而吾元晦好學之篤如此，又安敢默默也。輒以昔所聞者各箋釋於所問目之下，聊以塞命爾。他日若獲欵曲，須面質論難，又看合否。如何？」第四書：「某自聞師友之訓，賴天之靈，時常只在心目間。雖資質不美，世累妨奪處多，此心未嘗敢忘也。于聖賢之言亦時有會心處，亦間有識其所以然者，但覺見反為理道所縛，殊無進步處。今已老矣，日益恐懼。吾元晦乃不鄙孤陋寡聞，遠有質問所疑，何愧如之？」此下並多見此辭氣，讀之不由想起「回非助我者」之歎！

　　延平所說的「渠初從謙開善處下工夫來」一語，還需要做些討論。朱子「扣問」道謙，道謙師從宗杲，則朱子所下的是何工夫？其工夫是否係宗杲路脈？宗杲之說佛，對於士大夫特為有吸引力，他是個引儒入禪的高手。他高唱「忠義」、辨「心術」、倡「愛國」。他說：「菩提心即忠義心也」；「三教聖人所說之法，無非勸善誡惡，正人心術，心術不正，則奸邪唯利是趨。心術正，則忠義唯理是從」。如此，則亦不必出家了，所謂「儒即釋，釋即儒，僧即俗，俗即僧」；「予雖學佛者，然愛君憂國之心，與忠義士大夫等。」[6]況且在紹興十

---

**6**　　所引皆見《大慧普覺禪師語錄》，轉引自蔣義斌《宋儒與佛教》。

一年因與忤秦檜之士大夫往來，遭彈劾而被迫還俗，並貶謫至衡州。[7]此等言行，在士大夫一方面，很容易為其聳動而接受，發而為引禪入儒之說。道謙雖無此類說法，但禪法工夫師承宗杲。宗杲是看話禪、亦稱話頭禪的創始人。朱子扣問道謙所見其工夫是：「佛者云：『置之一處，無事不辦』，也只是教人如此做工夫；若是專一用心於此，則自會通達矣。故學禪者只是把一個話頭去看，『如何是佛』、『麻三斤』之類，又都無義理得穿鑿。看來看去，工夫到時，恰似打一個失落一般，便是參學事畢。」（《語類》卷一百二十六）這便是只參話頭，只在話頭上下工夫、起疑情；到了形成疑團，則行住坐臥、尊親求學、日用常行一切人生事，皆可在疑團中；疑團一破，即其見上一層。所以宗杲說：「不識左右別後，日用如何

---

7　葉邵翁《四朝聞見錄》甲集有徑山大慧條：「張公九成字子韶，自為士時已耽我學，嘗與妙喜往来，然不過為世外交。張公自以直言忤秦檜，檜既竄斥張公，廉知其素所往來者，所善獨妙喜，遂杖妙喜，刺為卒於南海。妙喜色未嘗動。後檜死，孝宗杲放還，復居徑山。有勸之去其墨者，妙喜笑拒不答。」張子韶，自號橫浦居士，亦稱無垢居士。紹興二年狀元，龜山弟子。《宋元學案・橫浦學案・全祖望案語》說：「龜山弟子以風節光顯者，無如橫浦；而駁學亦以橫浦為最。晦翁斥其書，比之洪水猛獸之災，其可畏哉！」《朱文公文集》卷四十二〈答石子重〉之五：「洪適在會稽盡取張子韶經解板行，此禍甚酷，不在洪水夷狄猛獸之下，令人寒心。」又可參《朱文公文集》卷七十二《雜學辨・呂氏大學解》）。這當然與宗杲囑咐張子韶「改頭換面」的手法有關。宗杲之貶，蓋因與張子韶往來而受牽連，與《五燈會元》所記「一日，因議及朝政，與師連禍」者不同。

做工夫。若是曾於理性上得滋味，經教中得滋味，祖師言句上得滋味，眼見耳聞處得滋味，舉足動步處得滋味，心思意想處得滋味，都不濟事」（〈答王教授〉）。而道謙所言何其相似：「只將心識上所有底一時放下。此是真正徑截工夫，若別有工夫，盡是癡狂外邊走。山僧尋常道，行住坐臥決定不是，見聞覺知決定不是，思量分別決定不是，語言問答決定不是。試絕卻此四個路頭看，若不絕，決定不悟。」（《羅湖野錄》下）朱子所述及的宗杲禪法，是其見得到路數，但不是遵行其法、下過深密工夫所說的話。

　　因了「放下」，一切從心體悟，故宗杲一系，似皆以為仁義禮智亦不過從此處看。如宗杲說：「若識得仁義禮智信之性起處，則忠恕一以貫之，在其中矣」。這近於要理一不要分殊的說法，當然朱子不會贊同。但在深入探求儒家思想的方法上，卻使朱子得到了重要的借鑒，這就是從內的、心性的角度來領悟和考察，而不在文字上兜圈子，不為知見道理所束縛。或者還可以表述為，只從性上求，摒絕諸外緣；粗看上去，與孟子所謂「仁義禮智根與心」，貌似接近。朱子認識到的佛家語之害似就在這等處。但在當時，朱子在道謙處下的工夫，似正在於此；其所得益，也在於此。延平說的朱子論學「皆就裡面體認」，大約所指亦在此，是肯定了朱子補上了儒學的在學問工夫上的「疏略」。

　　下面再錄兩段延平、朱子往來信函中對於孟子「夜氣說」的討論。學者若未在心性修養上實下工夫，則此類討論幾同射覆，而下引之討論，親切有味，可見二人同氣相得之情狀：

　　朱子以為「人心之既放，如木之既伐。心雖既放，然夜氣所息，而平旦之氣生焉，則其好惡猶與人相近。木雖既伐，然雨露所滋，而萌蘗生焉，則猶有木之性也。」。延平謂：「恐不用如此說。大凡人禮義之心何嘗無，唯持守之即在爾。若於旦晝間不至梏亡，則夜氣存矣；夜氣存則平旦之氣未與物接之時，湛然虛明氣象自可見。此孟子發此夜氣之說，于學者極有力。若欲涵養，須於此持守可爾。恐不須說心既放、木既伐，恐又似隔截爾，如何如何。」（《延平答問》戊寅十一月十三日）

　　延平謂：「諭夜氣說甚詳，亦只是如此，切不可更生枝節尋求，即恐有差。大率吾輩立志已定，若看文字，心慮一澄然之時，略綽一見與心會處，便是正理。若更生疑，即恐滯礙。伊川語錄中有記明道嘗在一倉中坐，見廊柱多，因默數之，疑以為未定，屢數愈差，遂至令一人敲柱數之，乃與初默數之數合，正謂此也。夜氣之說所以于學者有力者，須是兼旦晝存養之功不至梏亡。即夜氣清，若旦晝間不能存養，即夜氣何有疑。此便是日月至焉氣象也。曩時某從羅先生學問，終日相對靜坐，只說文字，未嘗及一雜語。先生極好靜坐。某時未有知，退入室中亦只靜坐而已。先生令靜中看喜怒哀樂未發之謂中，未發時作何氣象，此意不唯于進學有力，兼亦是養心之要。元晦偶有心恙不可思索，更於此一句內求之，靜坐看如何。往往不能無補也。」（《延平答問》庚辰五月八日）

　　在延平的引領下，朱子走入了困學時期，《文集》有〈困學二首〉：

一、舊喜安心苦覓心，捐書絕學費追尋。困衡此日安無
地，始覺從前枉寸陰。

二、困學工夫豈易成，斯名獨恐是虛稱；旁人莫笑標題
誤，庸行庸言實未能。

　　此二詩總結了牧齋時期「捐書絕學」而「覓心」的努力，
並表示出困學時期的治學之要，是在「庸言庸行」上下工夫。
依禪家故事：慧可覓心，達摩謂：將心來與汝安。慧可云：覓
心了不可得。達摩謂：與汝安心竟。朱子用此，是其苦苦覓心
而「安無地」的結語。隆興二年，延平卒後一年，朱子三十五
歲，編成《困學恐聞》，其序謂：「取夫『子路有聞，未之能
行，唯恐有聞』之意，以為困而學者其用力宜如是也」。
　　若從朱子在儒家工夫方面的思想脈絡來說，其困學時期對
此的思考，要到了乾道五年己丑之春，四十歲的朱子寫給友人
蔡季通的一封信中，才有了絕大的改變。那時朱子說：「於日
用之際，欠缺本領一段工夫」（《文集》卷六十七），由「中和
說」的不斷深入探求，形成了完整的儒家心性工夫理論。比較
困學時期，又是另一番進境矣。

2015/5/13

# 朱子參證儒家工夫之始末

　　《晦庵先生朱文公集》（以下稱《文集》）載有〈中和舊說序〉：「余早從延平李先生學，受《中庸》，求喜怒哀樂未發之旨，未達而先生沒。余竊自悼其不敏，若窮人之無歸，聞張欽夫得衡山胡氏學，則往從而問焉。欽夫告余以所聞，余亦未之省也。退而沉思，殆忘寢食。一日喟然歎曰：『人自嬰兒以至於老死，雖語默動靜之不同，然其大體，莫非已發，特其未發者為未嘗發爾』。自此不復有疑，以為《中庸》之旨果不外乎此矣。後得胡氏書，有與曾吉父論未發之旨者，其論又適與余意合，用是益自信。雖程子之言有不合者，亦直以為少作失傳而不之信也。然間以語人，則未見有能深領會者。乾道己丑之春，為友人蔡季通言之，問辨之際，予忽自疑：斯理也，雖吾之所默識，然亦未有不可以告人者，今析之如此其紛糾而難明也，聽之如此其冥迷而難喻也。意者乾坤易簡之理，人心所同然者，殆不如是；而程子之言出其門人高弟之手，亦不應一切謬誤，以至於此。然則予之所自信者，其無乃反自誤乎？則復取程氏書，虛心平氣而徐讀之，未及數行，凍解冰釋，然後知情性之本然、聖賢之微旨，其平正明白乃如此。而前日讀之不詳，妄生穿穴，凡所辛苦而僅得之者，適足以自誤而已；至

於推類究極，反求諸身，則又見其為害之大，蓋不但名言之失而已也。於是又竊自懼，亟以書報欽夫及嘗同為此論者。惟欽夫復書深以為然，其餘則或信或疑，或至於今累年而未定也。夫忽近求遠，厭常喜新，其弊乃至於此，可不戒哉！暇日料檢故書，得當時往還書稿一編，輒序其所以，而題之曰『中和舊說』，蓋所以深懲前日之病，亦使有志于學者讀之，因予之可戒而知所戒也。獨恨不得奉而質諸李氏之門，然以先生之所已言者推之，知其所未言者，其或不遠矣。　壬辰八月丁酉朔新安朱熹仲晦云。」（四部叢刊本，第三六冊）。

　　壬辰年為乾道八年，時朱子四十三歲。所追憶乾道五年己丑 1169 年，朱子年四十。（案，「為友人蔡季通言之」者，查《文集》卷二十有《答蔡季通》書四十五通，頁六謂：「熹向所論中和等說，近細思之，病敗不少，理固未易窮，然昏憒如此，殊可懼！」）。所以自疑者，在於其舊說「析之如此其紛糾而難明也，聽之如此其冥迷而難喻也」，恐已發未發之本旨並不如然。又有「獨恨不得奉而質諸李氏之門」之言，故朱子之新說，在認同延平已發未發之旨：「李先生教人，大抵令于靜中體認大本未發時氣象分明，即處事應物自然中節」。這與朱子前所認為的「莫非已發」，大不同。在《已發未發說》中，朱子更謂：「中庸未發已發之義，前此認得此心流行之體，又因程子凡言心者，皆指已發之云，遂目心為已發，而以性為未發之中，自以為安矣。比觀程子文集、遺書，見其所論多不符合，因再思之，乃知前日之說，雖于心性之實未始有差，而未發已發命名未當，且于日用之際，欠缺本領一段工夫」。《已發未發說》載在年譜己丑年

條下，故欲了解朱子未發已發說之前後，當以己丑為分界。朱子之所謂「舊說」者，《宋元學案》卷四十八《晦翁學案》載「中和說一」，原文收在《文集》卷三十〈與張欽夫〉第一書，中謂：先生自注云：「此書非是，但存之以見議論本末耳。下篇同此」，今具引如下：

> 人自有生即有知識，事至物來，應接不暇，念念遷革，以至於死，其間初無頃刻停息，舉世皆然也。然聖人之言則有所謂未發之中、寂然不動者。夫豈以日用流行者為已發，而指夫暫而休息、不與事接之際為未發時邪？嘗試以此求之，則泯然無覺之中，邪暗郁塞，似非虛明應物之體，**而幾微之際，一有覺焉，則又便為已發**，而非寂然之謂，蓋愈求而愈不可見。於是退而驗之日用之間，則凡感之而通，觸之而覺，蓋有渾然全體，應物而不窮者，是乃天命流行、生生不息之機，雖一日之間萬起萬滅，而其寂然之本體則未嘗不寂然也。所謂未發，如是而已矣！**夫豈別有一物，限於一時，拘于一處，而可以謂之中哉**。

下篇即〈與張欽夫〉第二書，中謂：「先生自注云：此書所論尤乖戾，所疑語錄皆非是，後自有辨說甚詳。」：「前書所扣，正恐未得端的，所以求正，茲辱誨喻。……當時乍見此理，言之唯恐不親切分明，故有指東畫西，張惶走作之態。自今觀之，只一念間，已具此體用，**發者方往而未發者方來**，

**了無間斷隔截處，夫豈別有物可指而名之哉**。然天理無窮而人之所見有遠近深淺之不一，不審如此見得，又果無差否？……所論龜山中庸可疑處，鄙意近亦謂然。又如所謂『學者于喜怒哀樂未發之際以心驗之，則中之體自見』，亦未為盡善。大抵此事渾然無分段時節先後之可言，今著一『時』字、一『際』字，便是病痛。當時只云寂然不動之體，又不知如何？語錄亦嘗疑，一處說『存養于未發之時』一句，及問者謂『當中之時耳目無所見聞』，而答語殊不痛快。」對上述兩條，今略做分疏如下。

　　朱子這時是實下過了靜坐工夫（參見拙文〈朱子之由「牧齋」到「困學」〉），但所體驗到的「未發之中、寂然不動」是「冥迷而難喻」之境，「泯然無覺之中，泯然無覺之中，邪暗郁塞，似非虛明應物之體」。他是被未發時不能有「覺」的框框束縛住了（按，這恐怕還是受了伊川「無思」的影響），所以到了「一有覺焉，則又便為已發」。那麼，「未發」哪裡去了？本體哪裡去了？朱子沒有路走，便從已發中來「退而驗之」於日用之間，突然悟到於「一日之間萬起萬滅」的「寂然本體」，認為這就是未發氣象了。第二書說的更明白：「發者方往而未發者方來，了無間斷隔截處，夫豈別有物可指而名之哉」，而實際上並無一個未發之物在。朱子甚至不認同「未發之時」、「已發之際」的提法，因未發已發是一貫的，說時說際，便「間斷隔截」了。劉蕺山批評的「說得大意已是，謂不是限於一時，拘于一處」，這話含糊，因這正是朱子四十三歲時所否定的，他正要指認這在中之物；而後半句：「但有覺處不可便謂之已

發，此覺性原自渾然，原自寂然」，批評得確實到位。當時的
朱子，不認為有所謂本體，只從一念之間見體用。從已發觀未
發，自伊川說靜中有物的「難」開始，就回避了對「未發之
中」的深入探討，也確實是說起來很費力又不清楚的（參見伊川
答蘇季明問）；所以朱子「語錄亦嘗疑」的話，倒也說的實情。

此上兩書，據年譜載，在乾道二年丙戌，1166 年，朱子
時年三十七。朱子此類「舊說」，寫在延平去世（癸未）後第
四年。同年〈與何叔京書〉：「李先生教人，大抵令于靜中體
認大本未發時氣象分明，即處事應物自然中節。此乃龜山門下
相傳指訣。然當時親炙之時，貪聽講論，又方竊好章句訓詁之
習，不得盡心于此，至今若存若亡，無一的實見處，辜負教育
之意。每一念此，未嘗不愧汗沾衣也。」（《宋元學案》卷三十
九，全文收《文集》卷四十）。故朱子對「舊說」，是多年來即有
所未安的。又年譜載同年〈答許順之書〉：「秋來心閑無事，
得一意體驗，比之舊日，漸覺明快，方有下工夫處。目前真實
一盲引眾盲耳。更有一絕云：『半畝方塘一鑒開，天光雲影共
徘徊。問渠那得清如許，為有源頭活水來』」時朱子歸崇安，
這一段時間頗著力於探索未發已發問題，如其所自言：「體驗
操存，雖不敢廢，然無脫然自得處，但比之舊日，則亦有間
矣」（〈與何叔京書〉）。朱子之治學精神，於此亦深可見證。

四十歲時，朱子對未發已發工夫的體驗發生了改變，除上
文所引，並可參見〈與林擇之書〉：「所引人生而靜，不知如
何看靜字。恐此亦指未感物而言耳。蓋當此之時，心渾然天理
全具。所謂中者，狀性之體，正于此見之。……《中庸》徹頭

徹尾說個謹獨（案，原文如此）工夫，即所謂敬而無失，平日涵養之意。《樂記》卻直到好惡無節處方說不能反躬天理滅矣，殊不知，未感物時若無主宰，則亦不能安其靜；只此便是昏了天性，不待交物之引然後差也。**蓋中和二字皆道之體用，以人言之，則未發已發之謂。**但不能慎獨則雖**事物未至**固已紛綸膠擾，無復未發之時，既無以致夫所謂中，而其發必乖，又無以致夫所謂和。惟其戒慎恐懼不敢須臾離，然後中和可致而大本達道乃在我矣。」（案，《文集》卷四三、與林擇之第二十書。《年譜》乾道五年己丑，1169 年秋七月條下有此書，並有《已發未發說》。）朱子這時將龜山門下所傳的儒家工夫之樞紐的「未發已發」，納歸為「中和」，而稱中和為「道之體用，以人言之，則未發已發之謂」。這一重要的思想轉變，正與《晦翁學案》所載「中和說二」[1]相應：

目前所見，累書所陳者，只是儱侗見得大本達道底影像，便執認以為是了，卻於「致中和」一句全不曾入思議，所以累蒙教告以求仁之意為急，而自覺殊無立腳下功夫處（案，張南軒告朱子以求仁為急務，但朱子自謂先只注意未發已發、而未思議致中和，故「殊無立腳下功夫處」，也就是其先在實踐儒家工夫上沒有找到入手處）。蓋只見得個直截根源，傾湫倒海底氣象，日間但覺為大化所驅，

---

[1]　《中和說二》的全文收在《文集》四部叢刊本卷三十二，頁四〈答張敬夫〉第三書。《文集》卷三十一〈答張敬夫〉第八書，已經是壬辰冬，為乾道八年，1172 年，朱子 43 歲，是自知其誤之後了。若《文集》所載與張敬夫的書札是基本按時間順序，則《中和說二》出自朱子 43 歲之後。

如在洪濤巨浪之中，不容少頃停泊，以故應事接物處，但覺粗屬勇果，而無寬裕雍容之氣，雖竊病之，而不知其所自來也。今而後，乃知浩浩大化之中，一家自一個安宅，正是自家安身立命、**主宰知覺處，所以立大本、行達道之樞要**。所謂體用一原，顯微無間，乃在於此。道邇求遠，亦可笑矣。」此為劉蕺山大所讚賞：「這知覺又有個主宰處，正是天命之性，統體大本達道者。端的，端的！」

朱子《中和說二》，評價以前從已發求未發的感受是「日間但覺為大化所驅……應事接物處，但覺粗屬勇果，而無寬裕雍容之氣」，病根在於忽略了《中庸》的「致中和」一節。工夫的要點，是在「事物未至」時，好下「慎獨」工夫，具體內容是「戒慎恐懼不敢須臾離」。依此而行，便得以悟到有個「安身立命、主宰知覺」的「大本」。以「致中和」立腳根基，體認到在日用之間、知覺之上，有個主宰、有個立大本行達道的「**樞要**」。朱子在這裡完成了關鍵性的內推一步。可惜朱子這一轉折易為學者所忽略，即如《宋元學案》，在「便執認以為是了」之後，「蓋只見得」之前，中間略去了三十七字：「卻于致中和一句全不曾入思議，所以累蒙教告以求仁之意為急，而自覺殊無立腳下功夫處」。這無疑是個嚴重的忽略，上引乃按《文集》卷三十二《答張敬夫》回復原貌。這時朱子看法，儒家工夫的「立腳下功夫處」，在於以「致中和」提領，在事物未至前，以「慎獨」之「戒慎恐懼」，克服「紛綸膠擾」，以致其中；既已致中，其發必和。這是雙向的致中與致和，未發已發即已涵蓋。朱子己丑之後的轉折，便在於

此。

　　但朱子偉大的求索精神與對於理論的責任感，促使他進一步去體悟和構築，便覺得「未發已發」與「致中和」都還不是對於儒家心性工夫綱舉目張的表達，所以有《中和說三》：「諸說例蒙印可，而未發之旨又其樞要。既無異論，何慰如之。然比觀舊說，卻覺無甚綱領，因復體察，見得**此理須以心為主而論之**，則性情之德、中和之妙，皆有條而不紊。蓋人之一身，知覺運動莫非心之所為。則心者，所以主于身而無動靜語默之間者也。方其靜也，**事物未至，思慮未萌**，而一性渾然，道義全具，其所謂『中』，乃心之所以為**體**，而寂然不動者也。及其動也，**事物交至，思慮萌焉**，則七情迭用，各有攸主，其所謂『和』，乃心之所以為用，感而遂通者也。然性之靜也而不能不動，情之動也而必有節焉，是則心之所以寂然感通，周流貫徹，而體用未始相離者也。（案，到這裏是第一段。心之以中為體、以和為用：雖分動靜，體用不相離）。然人有是心而或不仁，則無以著此心之妙；人雖欲仁而或不敬，則無以致求仁之功。蓋心主乎一身而無動靜語默之間，是以君子之于敬，亦無動靜語默而不致其力焉。未發之前，是敬也，固已主乎存養之實；已發之際，是敬也，又常行乎省察之間。方其存也，思慮未萌而知覺不昧，是則靜中之動，〈復〉『其見天地之心』也。及其發也，事物紛糾而品節不差，是則動中之靜，〈艮〉之所以『不獲其身』、『不見其人』也。有以主乎靜中之動，是則寂而未嘗不感；有以察乎動中之靜，是則感而未嘗不寂。寂而常感，感而常寂，此心之所以周流貫徹而無一息之

不仁也。然則君子之所以致中和而天地位、萬物育者，在此而已。《案，以上是第二段。儒家工夫以求仁為目的，以「敬」字為手段：未發時以敬存養，已發時以敬省察，而達咸致中和之功》。蓋主于身而無動靜語默之間者，心也，仁則心之道，而敬則心之貞也。此徹上徹下之道，聖學之本統，明乎此，則性情之德、中和之妙，可一言而盡矣。熹向來之說固未及此⋯⋯」。《載在《晦翁學案》，全文收於《文集》卷三十二《答張敬夫》第三書。[2]》

此一書，是朱子儒家工夫論最為完整而且渾圓順暢的表述。其關鍵句在：「心主乎一身而無動靜語默之間，是以君子之于敬，亦無動靜語默而不致其力焉」；關鍵字在：「心」、「動、靜」、「體、中」、「用、和」，以及「仁」、「敬」、「未發已發」、「致中和」。朱子此一番「以心為主」統攝而論的儒家工夫理論，貫穿了此前的「已發未發」與「致中和」的討論；從無動靜語默之間出發，收攝於敬之無動靜語默而無不致力，體用工夫，無不涵容。簡潔地說，是伊川「涵養須用敬」的朱子表達。但朱子這裡言敬雖然說貫通動靜，工夫卻側重在心體上。這一階段的朱子，在伊川的上句話上著力的分數多，而對下句「進學則在致知」上，不及後來強

---

2　《文集》卷三十一《答張敬夫》第八書，為乾道八年壬辰，朱子年43。觀《文集》卷三十一《答張敬夫》第十四書，《年譜》收在淳熙二年乙未十二月，朱子年 46；是年有鵝湖之會，此書乃會後作，中乃有「子壽兄弟氣象甚好」之言；故此書《年譜》所收時間當可信。淳熙七年二月，南軒訃至，朱子年 51。故《中和說二》與《中和說三》均當作於淳熙二年至七年庚子，即朱子 46 歲至 51 歲之間。

調得重。這時再看延平之教：「于靜中體認大本未發時氣象分明，即處事應物自然中節」，其實還是向內的分數重，求知的份量輕。所以這一階段的朱子懷想師說的心情，亦可粗為了解。[3]

因此說，朱子「中和說」階段，是體認心体階段，側重強調的是內向性的「前面一截工夫」。朱子〈答林擇之書〉說得更直接明快：「數日來，玩味此意，日用間極覺得力，乃知日前所以若有若亡不能得純熟，而氣象浮淺易得動搖，其病皆在此。湖南諸友，其病亦似是如此。近看南軒文字，大抵都無**前面一截工夫**也。大抵心體通有無，該動靜；故工夫亦通有無，該動靜，方無滲漏。**若必待其發而後察，察而後存，則工夫之所不至多矣**。惟涵養于未發之前，則其發處自然中節者多，不中節者少。體察之際，亦甚明審，易為著力，與異時無本可據之說，大不同矣。」（《文集》卷四三，答林擇之第二十二書）。依此，涵養就是在心體上下工夫，工夫應下在未發之前，所謂「前面一截工夫」。但是，朱子似乎太在意理論的完整性了，有說得不痛快處，更有說不過去處。尤為重要的一點，是「方其靜也，事物未至，思慮未萌」以及「及其動也，事物交至，思慮萌焉」，這兩句，直逼得人無處做工夫。試

---

[3] 朱子對延平所教的回憶，在不同階段有不同側重，這當然是不同人生閱歷而來的理解側重。譬如《朱子語類卷第一百四 朱子一》所記：「延平先生嘗言：『道理須是日中理會，夜裡卻去靜處坐地思量，方始有得。』某依此說去做，真個是不同」。此條為黃義剛癸丑以後所聞，癸丑為紹熙四年，1193，朱子六十四歲。

想，未發時既不思慮，只要敬，怎麼可以確保已發處自然中節的和？敬字工夫，說來無分動靜，究竟什麼才是已發思慮萌時省察的敬？這裡有太多太多問題，確實不好含糊過去的。可是無論如何，工夫不能等到已發後再來省察、存養，在此時的朱子思想裡是相當明確的了。

　　《學案》之「中和說四」：「〈答湖南諸公〉曰：向來講論思索，直以心為已發，而日用工夫亦止察識端倪為最初下手處，以故缺卻平日涵養一段工夫[4]，使人胸中擾擾，無深潛純一之味，而其發之言語事為之間，亦常急迫浮露，無復雍容深厚之風。蓋所見一差，其害乃至於此，不可不審也」。[5]心既為已發，「察識端倪」，便是指的臨事意念之初發時，審視其動機。朱子此時所否定者，其晚年又大體回歸於此，下文還將論及。此時的朱子，重在了前面一截工夫，所以深得「雍容深厚」之效益。劉蕺山曰：「《湖南答問》誠不知出於何時，考之原集，皆載在敬夫次第往復之後，經輾轉折證而後有此定論」。劉蕺山所說的朱子之「定論」，看來也還須有商量，實際上後來的變化還是相當大的。朱子說心體，但凡完整表達，必論及敬，心通內外動靜；其論持敬工夫，亦復如是。但是，因時因事論及其一端，卻常偏於一邊而言之。雖事在難免，卻

---

[4]　「直以心為已發，而日用工夫亦止察識端倪為最初下手處，以故缺卻平日涵養一段工夫」，這裡的察識端倪，即是象山「辯志」，於意念起處辯其義利是非善惡。兩家工夫之別，於此可見。

[5]　《中和說二》全文載在《文集》卷六十四〈與湖南諸公論中和第一書〉，四部叢刊本冊三十一，頁三十、三十一。

分明反映出朱子治學，是內、外兩頭扣住的；尊德性與道問學，朱子本人未曾輕忽任一邊。如下引數條，都在「中和說」之後，側重頗不同，可作印證。（以下未標明版本頁數者，皆引自王白田《年譜》）：

淳熙七年庚子，朱子年 51，〈答林擇之書〉：「今方欲與朋友說，日用之間，常切檢點，氣習偏處，意欲萌處，與平日所講相似不相似？就此痛下工夫，庶幾有益。陸子壽兄弟近日議論，卻肯向講學上理會，其門人有相訪者，氣象皆好，但其間亦有舊病。此間學者卻是與渠相反，初謂只如此講學，漸涵自能入德，不謂末流之弊，只成說話，至於人倫日用最切近處，亦都不得毫毛氣力，此不可不深懲而痛警也。」這一條說自家弟子在日用切近處不得力，這一點不如象山弟子，所以要「深懲而痛警」，並未強調前一節工夫了。淳熙九年壬寅，1182 年，朱子年 53，〈答項平父〉：「若如今說，只恃得一個『敬』字，更不做集義工夫，其德亦孤立而易窮矣（案，把敬與集義分開，則敬字空虛了，所以敬字工夫之所謂于已發時省察者，亦很難著手。這是朱子本身的問題）。須是精粗本末，隨處照管，不令工夫少有空闕不到之處，乃為善學也。……持守之要，大抵只是要得此心常自整頓，惺惺了了，即未發時不昏昧，已發時不放縱耳。」這一條，是為自家弟子開方子，強調孟子之「集義工夫」。雖說持敬工夫是不分動靜的，但似乎容易使人忽視了在日用人倫上切實努力。於是，朱子未用「持敬」，而說「持守」，實際上是對「持敬」作了一個新的補充說明。對於企慕高遠、期於一悟的傾向，淳熙十二年乙巳，朱子年 56，作

〈曹立之墓表〉，特引而深許曹文一段以力辟之：「學必貴于知道，而道非一聞可悟、一超可入也。循下學之則，加窮理之功，由淺而深，由近而遠，則庶乎其可矣。今必先期於一悟，而遂至於棄百事以趨之，則吾恐未悟之間，狼狽已甚，又況忽下趨高，未有幸而得之者邪！」另一方面，淳熙十一年甲辰，1184 年，朱子年 55，時在浙東，見學者「馳騖于外」，即是缺少「前一截工夫」，〈答呂子約書〉則云：「大抵此學以尊德性、求放心為本。……不當以彼為重（案，指的通古今、考世變等學問），而反輕凝定收斂之實，少聖賢親切之訓也」。凡此諸例，皆可見朱子兩頭扣住的治學與教人。

　　但從大體上說，朱子自「中和說」階段後，對前一截工夫的強調輕於對「後一截工夫」，而到愈近晚年，這種傾向愈明顯。這種轉變，是由於當時學術氣氛的影響，首先，與朱陸之爭有直接關係。

　　淳熙十二年乙巳，朱子作〈曹立之墓表〉，而朱陸之爭開始趨於明顯和激烈。曹立之曾受學象山，卻批評「忽下趨高」之學，朱子在墓表中引了其相關文字，「為陸學者以為病己，頗不能平」（〈答劉晦伯書〉）。同年，朱子「戲答」象山「這些子恐是蔥嶺帶來」（〈答劉子澄書〉）。淳熙十三年丙午，1186 年，朱子年 57，〈答諸葛誠之書〉：「愚意比來深欲勸同志兼取兩家之長，不可輕相詆訾，就有未合，亦且置勿論，而姑勉力于吾之所急。不謂乃以〈曹表〉之故，反有所激，如來諭之云也。」同年〈答程正思書〉：「去冬因其徒來此，狂妄兇狠，手足盡露，自此乃始顯然鳴鼓攻之，不復為前日之唯阿

也。」（案，同年〈與陸子靜書〉有「子淵去冬相見」之語。）淳熙十四
年丁未，1187 年，朱子年 58，〈答趙幾道書〉：「向來正以
吾党孤弱，不欲于中自相矛盾，亦厭繳紛競辨若可羞者，故一
切容忍，不能極論。近乃深覺其弊，全然不曾略見天理，仿佛
一味只將私意東作西捺，做出許多詖淫邪遁之說，又且空腹高
心，妄自尊大，俯視聖賢，蔑棄禮法。只此一節，尤為學者心
術之害，故不免直截與之說破」。淳熙十五年戊申，1188
年，朱子年 59，〈答趙子欽書〉：「子靜後來得書，愈甚于
前，大抵其學于心地工夫不謂無所見，但欲恃此陵跨古今，更
不下窮理細密工夫，卒並與其所得者而失之。人欲橫流，不自
知覺，而高談大論，以為天理盡在是也，則其所為心地工夫
者，又安在哉！」朱子肯定象山在「心地工夫」方面的造詣，
但因認為象山「不下窮理細密工夫」，所以反其道而強調之。
可以想見，這類情況當然容易促成朱子相反的傾向；故在其後
的歲月中，朱子少言心性、多言日用，少言心地工夫、多言讀
書窮理，或者說是少言涵養、多言持守的傾向。

　　在墓表事件之前，癸卯年朱子 54 歲時，〈答項平父書〉
中，對兩家短長有一精煉的評說：「大抵子思以來，教人之
法，唯以尊德性、道問學兩事為用力之要。今子靜所說，專是
尊德性事，而熹平日所論，卻是道問學上多了。所以為彼學
者，多持守可觀，而看得義理全不仔細，又別說一種杜撰道
理，遮蓋不肯放下。而熹自覺雖于義理上不敢亂說，卻于緊要
為己為人上多不得力。今當反身用力，去短集長，庶幾不墮一
邊耳。」但象山听到以後，卻並不認同這樣的評說：「朱元晦

曾作書與學者云：陸子靜專以尊德性晦人，故游其門者多踐履之士，然于道問學處欠了；某教人豈不是道問學處多了，故游某之門者踐履多不及之。觀此，則是元晦欲去兩短合兩長。然吾以為不可，既不知尊德性，焉有所謂道問學」（《象山全集・語錄》卷三十四）。或者正是因為象山這一番態度，後來更激成朱子的轉變，強調格物窮理。

　　朱子 59 歲戊申，對龜山、延平一系觀未發前氣象的工夫已有不同看法，其〈答方賓王書〉云：「〈延平行狀〉中語，乃是當時所聞其用功之次第。今以聖賢之言進修之，實驗之，恐亦自是一時入處，未免更有商量也」。《語錄》又記：「擇之云：先生作〈延平行狀〉，言默坐澄心，觀四者未發已前氣象，此語如何？曰：先生亦自說有病。後復以問，先生云：學者不須如此。」又記：「或問：近見廖子晦言，今年見先生，問延平先生靜坐之說，先生頗不以為然，不知如何？曰：這事難說。靜坐理會道理自不妨，只是討要靜坐則不可。理會得道理透，自然是靜，今人都是討靜坐以省事，則不可」。此等說法，與「中和說」時期「愧汗沾衣」之言，顯為不同。這裡當然有當時學者偏向前一截工夫、「討靜坐」的傾向，朱子覺其弊端，故對靜坐一類工夫特不加以鼓勵。[6]同年又〈答方賓

---

6　朱子的這類論述，特別容易使人想起王陽明謫自龍場，歸途中與門人講學於龍興寺，使靜坐密室，悟見心體。而途中便去信道：「前在寺中所云靜坐事，非欲坐禪入定，蓋因吾輩平日為事物紛拏，未知為己，欲以此補小學收放心一段功夫耳。」後來又說：「吾昔居滁時，見諸生多務知解，無益於得，姑教之靜坐，一時窺見光景，頗收近效。久之，漸有

王〉云：「存養之功，亦不當專在靜坐時，須于日用動靜之間，無處不下工夫，乃無間斷耳。」按此說，存養亦是貫徹日用動靜工夫。此后朱子之儒家工夫思想，如以下所舉諸例可見，為始終偏於向外一路，無大的改變。

　　淳熙十六年己酉，1189 年，朱子 60 歲，「又問：『于學者如何皆得中節？』曰：『學者安得便一一恁地！也須且逐件使之中節，方得。此所以貴于博學、審問、慎思、明辨。無一事之不學，無一時而不學，無一處而不學，各求其中節，此所以為難也。』」（《語類》卷第六十二）試看朱子以前所說的，「今于日用間空閒時，收得此心在這裏截然，這便是喜怒哀樂未發之中，便是渾然天理。事物之來，隨其是非，便自見得分曉，是底便是天理，非底便是逆天理」，而今卻不是存養好了，發而自然中節，而是因事各求中節。說此話時朱子的氣象，卻是如何？又，〈答吳伯豐〉云：「《論》、《孟》、《中庸》，盡待《大學》通貫浹洽、無可得看後，方看，乃佳。（案，《大學》的為學之序，重要性增加了，而《中庸》反退後一步，此正朱子側重向格物致知的反映。）若奔程趁限一向攢了，則雖看如不看也。近方覺此病痛不是小事，**元來道學不明，不是上面欠卻工夫，乃是下面元無根腳。**」這裡又不說欠缺上面一截工

---

喜靜厭動流入枯槁之病，故邇來只說致良知。良知明白，隨你去靜處體悟也好，隨你去事上磨煉也好，良知本體原是無動無靜的，此便是學問頭腦」（《年譜》、《傳習錄》）。由此可以體會到儒家靜坐工夫之不可不講，而講之弊端亦極須防範，故宋明儒皆採取非常謹慎的態度。

夫了，而是下面無根腳。〈答李晦叔〉云：「持敬、讀書只是一事，而**表裡各用力**耳，若有所偏，便疑都不曾做工夫」，卻將持敬與讀書相等無所偏。〈答林伯和〉云：「莫若且以持敬為先，而加以講學省察之助。……（案，這一段講讀論、孟、二程，從略）成誦在心，乃可加省察之功，蓋與講學互相發明。但日用應接、思慮隱微之間，每每加察其善端之發，慊于吾心，而合聖賢之言，則勉勵而力行之；其邪志之萌，愧于吾心，而戾于聖賢之訓，則果決而速去之。」可謂是將接事與思慮，混作一處說，先前卻是兩事，而側重在前一截未發工夫；到此雖作一處說，明眼人自知是側重在後一截也。《語錄》楊道夫所聞：「亦須一時並了，非謂今日涵養，明日致知，後日力行也。要皆以敬為本，敬卻不是將來做一個事，今人多先要安一個『敬』字在這裡。如何做得敬？只是提起這心，莫教放散恁地，則心便自明，這裡便窮理格物，見得當如此便是，不當如此便不是。既是了，便行將去。」敬的地位下降了，涵養、致知、力行（又有稱「力行」為「克己」），實際上是將「敬」字化而為三，行的份量大為加重。[7]

---

[7]　朱子又謂：「致知、敬、克己，此三事，以一家譬之：敬是守門戶之人，克己則是拒盜，致知卻是去推察自家與外來底事。伊川言：『涵養須用敬，進學則在致知。』不言克己。蓋敬勝百邪，便自有克，如誠則便不消言閑邪之意。猶善守門戶，則與拒盜便是一等事，不消更言別有拒盜底。若以涵養對克己言之，則各作一事亦可。涵養，則譬如將息；克己，則譬如服藥去病。蓋將息不到，然後服藥。將息則自無病，何消服藥。能純於敬，則自無邪僻，何用克己。若有邪僻，只是敬心不純，

　　但是我們仍然需要瞭解到，朱子雖從 50 歲後漸更重視「向講學上理會」、「集義工夫」，到 60 歲以後此方向亦堅定不移；不過朱子實在也未曾棄絕對前一截、對未發工夫的思考。「表裏兩頭扣住，致知力行在先」，而非如陽明所謂之「朱子晚年定論」。以下並舉數例以驗此說：紹熙元年庚戌，1190 年，朱子 61 歲。有人問朱子：「蘇季明（案，伊川弟子）問，靜坐時乃說未發之前，伊川以祭祀『前旒、黈纊』答之。據祭祀時，恭敬之心，向于神明，此是已略發？還只是未發？」朱子答曰：「只是如此恭敬，未有喜怒哀樂，亦未有思，喚做已發，不得。然前旒黈纊，非謂全不見聞。若全不見聞，則薦奠有時而不知，拜伏有時而不能起也。」（《語類》卷九十六。案，陳淳所聞有兩個時間段，一在庚戌，紹熙元年，1190，朱子 61 歲；一在己未，慶元五年，1199，朱子 70 歲。此似在庚戌）。此處言未發無視聽而有聞見，應與朱子 62 歲時所說的下一條同觀。「用之問『蘇季明問喜怒哀樂未發之前求中』一條。曰：「此條記得極好，只中間說『謂之無物則不可，然靜中須有個覺處』，此二句似反說。『無物』字，恐當作『有物』字。涵養于喜怒哀樂未發之前，只是『戒慎乎其所不睹，恐懼乎其所不聞』，全未有一個動綻；大綱且約住執持在這裡，到慎獨處，便是發了。『莫見乎隱，莫顯乎微』，雖未大段發出，便已有一毫一分見了，便就這處分別從善去惡。『雖耳無聞，目無見，然見

只可責敬。故敬則無己可克，乃敬之效。若初學，則須是功夫都到，無所不用其極。」（《語類》卷八，學三）

聞之理在始得。』雖是耳無聞，目無見，然須是常有個主宰執
持底在這裡，始得。不是一向放倒，又不是一向空寂了。」
（《語錄》葉賀孫所聞）。回觀朱子四十歲時〈與林擇之書〉所說
的「不能慎獨，則雖事物未至，固已紛綸膠擾，無復未發之
時」，慎獨還是未發的標誌。而到上條，明白而痛快地說出了
「到慎獨處，便是發了」，而且點明了工夫是從善去惡。因此
這兩條在朱子的工夫論系統裏特占地位，朱子之學在其本人確
實是緊緊扣住兩頭，不斷深入的，即使在偏向外的趨勢中。

　　朱子自「中和說」時期之後，畢竟不更在「未發已發」上
致力，並且主張「未發」工夫容易產生流於空的弊病。辛亥
1191 年，朱子 62 歲，其〈答曾光祖〉：「大綱且得以敬自
守，而就其間講論省察，便是致知，知得一分，便有一分工
夫，節節進去，自見欲罷不能，不待刻苦加勵而後得也。但目
下持守講學，卻亦不得不刻苦加勵，**不須遽以助長為憂**
**也**」。案，勿忘勿助，本是敬的工夫，照朱子的說法，可以加
之以持守講學的「助長」，則前一截的分量自是輕甚。又，
《語類》卷九十六記：問：「伊川答蘇季明：求中于喜怒哀
樂，卻是已發；某觀延平亦謂『驗喜怒哀樂未發之前為如
何』，此說又似與季明同」？曰：「但欲見其如此耳。**然亦有**
**病，若不得其道，則流於空**。故程子云：『今只道敬』」。
又問：「既發、未發，不合分作兩處，故不許？如中庸說，固
無害」？曰：「然」。案，強調欲制流於空，還是由「致中
和」來統攝，雙向用力。這一點，更見於辛亥後〈答周舜
弼〉：「但看聖賢說『行篤敬，執事敬』，則**敬字本不為默**

**然無為時設，須向難處力加持守**，庶幾動靜如一耳。」由以上都可看出朱子在這一階段，與中和說階段的儒家工夫論，相去不可以道里計；已發未發一貫而不再以未發之旨為樞紐、中與和都是實際可見的狀態、刻苦加勵以講學不為助長、敬字當與事相關，等等，皆是朱子這階段治學教人的關鍵詞。

紹熙四年癸丑，1193 年，象山已於上年十二月辭世，朱子 64 歲。〈答許中應〉云：「世衰道微，異論蜂起，近年以來，乃有假佛釋之似，以亂孔孟之實者。其法首以讀書窮理為大禁，常欲學者注其心于茫昧不可知之地，以僥倖一旦恍然獨見，然後為得。蓋亦有自謂得之者矣，而察其容貌辭氣之間，修己治人之際，乃與聖賢之學有大不相似者」。因為當時異論蜂起，其中「以讀書窮理為大禁」以及「常欲學者注其心于茫昧不可知之地」兩者，顯然更使得朱子深信自己近十幾年來已經轉變的治學方向是正確的。他同年又說：「延平先生嘗言：『道理須是日中理會，夜裡卻去靜處坐地思量，方始有得。』某依此說去做，真箇是不同」（《語類》，卷一百四）。

乙卯 1195 年，朱子 66 歲，〈答林德久〉云：「須知性之為體，不離此四者（案，指仁義禮智），而四者又非有形象方所可撮可摩也。但于渾然一理之中，識得個意思情狀，似有界限，而實非有牆壁遮攔分別處也。然此處極難言，故孟子亦只于發處言之。如言『四端』，又言『乃若其情，則可以為善』之類，**是於發處教人識取**，不是本體中元來有此如何用處，發得此物出來。**但本體無著摸處，故只可於用處看便省力耳**」。孟子以「四端」說「惻隱羞惡辭讓是非」之「四心」，

即是以「心善」來說「性善」。朱子以此為依據，把未發的隱微難言不可捉摸之處，換成已發來說，這其中有甚深道理。若說「性即理」，性者心之理，乃純而又純之物，而不夾雜別的成分，理論上有這麼個物事成立。但要指說「性善」之切實可見處，卻又困難，所以只以「心善」之事實來說，則心善是可能夾雜的。這讓我們想起象山的「心即理」，皆因象山所體認之心與朱子不同，朱子「心體」甚大，而象山「本心」卻是純而又純的。這裏即是兩家立說差異之根本點。朱子并明白說「本體無著摸處」、「欲為儒者之學，卻在著實向低平處講究踐履，日求其所未至。所謂樂處卻好，且拈向一邊，久遠到得真實樂處，意又自別，不似此動盪攪聒人也。**性命之理，只在日用間零碎去處**，亦無不是，不必著意思想，但每事尋得一個是處，即是此理之實，不必禪家見處，只在儱侗恍惚之間也」（〈又答陳衛道〉）。「儱侗恍惚」，莫不正是在中和說階段的朱子自謂嗎？而今朱子明白說這是「禪家見處」，其不取之意顯明。再看乙卯後，〈又答余正叔〉：「前者欲專求息念，但以不可一向專靠書冊，故稍稍放教虛閑，務要親切自己。然其**無事之時，尤是本根所在**，不可昏惰雜擾。故又欲就此**便加持養，立個主宰，其實只是一個提撕警策，通貫動靜**。但是無事時只是一直如此持養，有事處便有是非取捨，所以又直內方外之別，非以動靜真為判然二物也。」無事持養尤是本根所在，這是朱子依然堅持的，學者當多加留意！朱子在依然肯定這一點的基礎上，提倡從發處、從日用零碎處用功，乃至識取性命之理。朱子晚年，只如此說。

　　由以上，朱子約自三十七歲以後，直至其晚年，對於儒家工夫的意見，先後有不同見地，今略以下述數條概括之：

　　1、三十七歲時，朱子著意探討心性修養工夫，在延平去世以後，仍依龜山一脈「觀喜怒哀樂未發氣象」為樞紐；其方法，是從已發觀未發。

　　2、朱子四十歲時，覺知工夫上以「未發已發」來提領，並不合適；轉而在「致中和」上用功，即工夫下在心體大本上；具體地是「慎獨」、「戒慎恐懼不敢須臾離」。

　　3、到近五十歲時，朱子對於儒家心性修養工夫的著力探索和表述達到了最為圓融的階段。其說為，應該「以心為主而論之」：「心主乎一身而無動靜語默之間，是以君子之于敬，亦無動靜語默而不致其力焉」。該貫已發未發、動靜語默的便是持敬工夫，由此而回到了程門工夫的核心。以「心體」為重點，朱子亦認為湘學一脈「大抵都無前面一截工夫也」。

　　4、朱子五十一歲時，因為看到象山門人「氣象皆好」，而自家弟子「人倫日用最切近處，亦都不得毫毛氣力」，引起了警覺。此後更加重視儒家工夫的「集義」，也即致力於日用之處的偏於外的方面。

　　5、到五十六歲前，朱子針對當時的學者風氣兩頭防守，一方面反對企慕高遠、期於一悟的傾向；另一方面，見學者「馳騖於外」，便強調要以「尊德性、求放心為本」。

　　6、朱子五十六歲時，朱陸之爭開始趨於明顯和激烈，朱子反象山之道而行，便更偏重於提倡「下窮理細密工夫」。大體上到六十歲前後，朱子對於延平的已發未發工夫、程子的

「持敬」工夫，都作出反省和新的解釋。其工夫的著力處，不是放在「上面一截工夫」，即向內的工夫、未發工夫、前一截工夫，而是放在了「下面的根腳」上，即向外的具體事上，「且逐件使之中節」而非涵養於中自然應事中節。其統貫的工夫還是敬，敬只是提起心來去格物窮理，用敬來做涵養、致知、克己。

7、未發已發問題，乃《中庸》所提出。朱子隨著對此問題，包括「致中和」、「慎獨」等的不再重言，其對《中庸》中所提出的儒家工夫的重視，似漸移向於《大學》，甚至謂：「《論》、《孟》、《中庸》，盡待《大學》通貫浹洽、無可得看後，方看，乃佳。」

8、朱子六十六歲，歸結而謂：「性命之理，只在日用間零碎去處」。其實朱子一向以來是兩面都照管到，他用的李延平的辦法：「道理須是日中理會，夜裡卻去靜處坐地思量」。

9、朱子同時始終保持著儒家工夫的本體觀，這便是「無事之時，尤是本根所在，不可昏惰雜擾。故又欲就此便加持養，立個主宰」。這樣的思想，自朱子中年以後，便未曾放棄，差別只在倚輕倚重之間。

朱子對於儒家工夫的意見趨向，似乎並未得到廣泛的理解和認可；所以其在晚年，慶元四年戊午 69 歲時，乃有歎曰：「朋友間未有大可望者，令人憂懼，不知所以為懷。」

朱子晚年論到靜坐工夫，就教法而言，似反而不如中和說階段，學者依其教而行，亦是難著手。慶元三年丁巳，朱子 68 歲，〈答潘子善〉云：「所論為學之意善矣，然欲專務靜

坐，又恐墮落那一邊去。只是虛著此心，隨動隨靜，無時無處不致其戒謹恐懼之力，則自然主宰分明，義理昭著矣。然著個『戒謹恐懼』四字，已是壓得重了，要之只是略綽提撕，令自省覺，便是工夫也。」連「戒慎恐懼」也說是「壓得重了」。另一方面，朱子所認為的存養，與前亦大不同。戊午後謂：**「如人靜坐，忽然一念之發，只這個便是道理，便有個是與非，邪與正。其發之正者，理也；雜而不正者，邪也。在在處處無非發見處，只要常存得，常養得耳。」**（案，《語類》沈僴所記在戊午以後）這裏說靜坐中一念之發就是發了，因為無非發見處，所以要在發見處存養；發處便要辨別個是與非，則所謂存養，究竟存養個什麼？若謂於一念之發處存養，一念未發處便如何？其實是因為朱子刻意規避未發，其不合理處，便在這裏顯現出來了。但在〈答孫敬甫〉的信裏，卻又與上說不相吻合：「所論才說存養，即是動了，此恐未然。人之一心，本自光明，不是死物。所謂存養，非有安排造作，只是不動著他，即此知覺迥然不昧，但無喜怒哀樂之偏、思慮云為之擾耳。當此之時，何嘗不靜，不可必待冥然都無知覺，然後謂之靜也」。這一論，卻不主張動中存養，要在無思慮云為之際的靜中存養了。這是朱子工夫說中的矛盾。

　　慶元六年庚申，朱子 71 歲，〈答廖子晦〉云：「所謂『無位真人』，此釋氏語，正谷神之酋長也，學者合下便要識得此物，而後將心想像照管，要得常在目前，乃為根本功夫。至於學問踐履，零碎湊合，則自是下一截事，與此粗細迥然不同。雖以顏子之初，仰高鑽堅，瞻前忽後，亦是未見此物，故

不得為實見耳。（案，此上是廖子晦來書內容，以下為朱子所論）。此其
意則然矣，然若果如是，則聖人設教，首先便合痛下言語，直
指此物，教人著緊體察，要令實見，著緊把捉，要常在目前，
以為直截根原之計。而卻都無此說，但只教人格物致知，克己
復禮，一向就枝葉上零碎處做工夫，豈不誤人，枉費日力耶？
論、孟之言，平易明白，固無此等玄妙之談，雖以子思、周子
吃緊為人，特著《中庸》、《太極》之書，以明道體之極致，
而其所說用功夫處，只說擇善、固執、學問、思辨而篤行之，
只說定之以中正仁義而主靜、君子修之吉而已，未嘗使人日用
之間，必求見此天命之性、無極之真，而固守之也。蓋原此理
之所自來，雖極微妙，然其實只是人心中許多合當做底道理而
已。但推其本，則見其出於人心，而非人力之所能為。故曰：
天命雖萬事萬化，皆自此中流出，而實無形象之可指，故曰
『無極』耳。若論功夫，則只擇善固執、中正仁義，便是理會
此事處，**非是別有一段根原功夫，又在講學應事之外也**。如
說求其放心，亦只是說日用之間，收斂整齊，不使心念向外走
作，庶幾其中許多合做底道理，漸次分明，可以體察。亦非捉
取此物，藏在胸中，然後別分一心出外，以應事接物也。」

　　當年，朱子辭世，上一條可謂其晚年定論。王白田亦先有
此說。

2014-1-26

# 象山之「本心」與「辨志」

　　象山之學，是腳踏實地的求實理、做實事的「實學」；此已為前輩學者多所指出。象山之學，重在「辨志」，即「義利之辨」，此無可疑。然此一辨，究竟是由於「本心」發揮了作用，而使得學者能夠從事於「辨志」；或者反過來，是由於下了「辨志」的工夫而得以「復其本心」？兩者什麼關係？究竟以何者為下手工夫？此則關係於象山學術思想的脈絡、結構者甚大，也關係於實踐儒家工夫的路徑、方法者甚大，故必須加以觀察和分析。

　　《宋元學案》引全祖望《城南書院記》謂：「蓋槐堂論學之宗旨，以發明本心為入門，而非其全力。正獻（即袁燮）之言有曰：『學貴自得，心明則本立，是其入門也。』又曰：『精思以得之，兢業以守之，是其全力也。』槐堂弟子多守前說，以為究竟，是其稍有所見，即以為道在是，而一往蹈空，流於狂禪。」所以謝山稱讚正獻的教法而謂：「文元（楊簡）之教，不如正獻之密」。謝山只說是兩家的教法有異，楊慈湖「以不起意為宗」（黃梨洲語），是以明本心為入門；袁絜齋則多著述、「惓惓以多識前言往行」，所謂「全力」，是從持守著力，當歸入於「辨志」一面。

全祖望所舉的「全力」，說得貼切些是介於「心」與「辨」之間，而非兩者的典型。我們看到，教法的不同，淵源來自象山對於弟子們首先有這兩類不同的「教法」。試舉下面幾個例子為證：

其一為以「辨志」為下手處，此以江西一系為例：如，傅子淵「一日，讀《孟子公孫丑章》，忽然心與相應，胸中豁然，尚未知下手處。及見象山，始盡知入德之方，謂剛（陳剛）曰：『陸先生教人辨志，只在義利。嘗謂人曰：「人生天地間，自有卓卓不可磨滅者在，果能於此涵養，於此擴充，良心善端，交易橫發，塞乎宇宙，貫乎古今。」』又如，「陳剛自槐堂歸，因問象山所以教人者，剛曰：『首尾一月，先生諄諄只言辨志。又言古者入學一年，早知離經辨志，今日有終其身而不知自辨者，可哀也已。』」此兩條均見《槐堂諸儒學案》，為辨志教法之最為典型者，其餘弟子學案，少見此教法。

其又一，則是直提「本心」以為教，此則浙東一系為典型：「象山數提『本心』二字，先生（楊慈湖）問：『何謂本心？』象山曰：『君今日所聽扇訟，彼訟扇者，必有一是，有一非。若見得孰是孰非，即決定為某甲是，某乙非，非本心而何？』先生聞之，忽覺此心澄然清明，遽問曰：『止如斯邪？』象山厲聲答曰：『更何有也？』先生退，拱坐達旦，質明納拜，遂稱弟子。」（《慈湖學案》）再如，「初，先生（袁絜齋）遇象山於都城，象山即指本心洞徹通貫，先生遂師事，而研精覃思，有所未合，不敢自信。居一日，豁然大悟，因筆於

書曰：『以心求道，萬別千差，通體吾道，道不在他。』慈湖與先生同師，造道亦同，而每稱先生之覺為不可及。」（《絜齋學案》）又如，「他日侍坐，象山曰：『學者能常閉目亦佳。』先生（詹子南）遂學靜坐，夜以繼日，如此者半月。一日下樓，忽覺此心已復澄瑩中立，竊異之，擬質象山，象山曰：『子何以束縛如此？』乃自吟曰：『翼乎如鴻毛遇順風，沛乎若巨魚縱大壑，豈不快哉！』先生釋然。」（《槐堂諸儒學案》）另一象山弟子朱梓所說的「象山所以誨人者，深切著明，大概是令人求放心，不復以言語文字為意。其有意作文者，令收拾精神，涵養德性，根本既正，不患不能作文矣。……象山曰：子即今自立，正坐拱手，自作主宰，萬物皆備於我，有何歉闕！」（《槐堂諸儒學案》）亦可歸入於此一類。

　　對此兩類各以象山之教見長的弟子們，評價頗相徑庭。象山自己說，「象山詳其及門之士，首傅子淵，次鄧文範，次即先生（黃叔豐）。」及門第一的傅子淵前已提到。鄧文範長於論學，「有求見象山者，象山或令先從先生問學」，與慈湖動輒言「心之精神」者絕不類。黃叔豐師事象山最久，得象山鍛煉最力，人有疑於傅子淵之言，待黃叔豐而解。所以此最為象山器重的江西一脈，卻身後冷落如黃宗羲案語所說：「陸子之在象山五年間，弟子屬籍者至數千人，何其盛哉！然其學脈流傳，偏在浙東，此外則傅夢泉而已」。流傳象山之學最盛的卻在浙東，以楊慈湖為首，黃宗羲偏說他得了象山真傳：「慈湖以不起意為宗，是師門之的傳也」。這其間的問題，全祖望看出來了，但他想作調和，所以說：「以文元（慈湖諡文元）之齊

明盛服，非禮不動，豈謂於操持之功有關，而其教多以明心為言？蓋有見於當時學者陷溺功利，沈錮詞章，極重難返之勢，必以提醒為要，故其說偏重而不自知其疏，豈意諸弟子輩不善用之，反謂其師嘗大悟幾十，小悟幾十，氾濫洋溢，直如異端，而並文元之學而誣之，可為浩歎者也！」可惜這種調和，僅說慈湖從提醒當時「陷溺功利沈錮詞章」風氣出發而唱明心之教，反顯得將象山「心學」的「心」字的份位說小了、說模糊了。

　　象山之學，立基在心的覺悟上，分析和考察他本人的成長和處事，不難看出「心」在象山之學術精神中所具的神秘性和主導性。

## 一、觀於象山早年：

　　1、紹興十二年，先生四歲。「靜重如成人。常侍宣教公（象山父）行，遇事物必問。一日忽問：天地何所窮際？……遂深思至忘寢食。總角即經夕不寐，不脫衣履……常自灑掃林下，宴坐終日」。（年譜）

　　2、紹興二十一年，先生十三歲。因悟宇宙字義篤志聖學。「因讀古書至宇宙二字，解者曰，四方上下曰宇，往古來今曰宙。忽大省曰：元來無窮，人與天地皆在無窮之中者也。乃援筆書曰：宇宙內事乃己分內事；己分內事乃宇宙內事。又曰：宇宙便是吾心，吾心即是宇宙」。（年譜）

　　3、紹興二十三年，先生十五歲。作詩：「書非貴口誦，學必到心齋」。（年譜）

　　上引 2、3 條，是對於「心」確有實見才能說得出來的。

所以象山在少年時代，已經將一生學說的精神勾勒無遺了，後來指點學者從「心體」上下工夫，皆由此出。就一般學者言，欲體認此本心，領悟到心與理一、天人合一界域，雖真修實練終身不懈，而能成就者，恐亦鳳毛麟角。顧象山之所得者，何其天成！

## 二、觀於象山行事：

1、乾道八年，先生三十四歲。「先生深知學者心術之微，言中其情，或至汗下。有懷於中而不能自曉者，為之條析其故，悉如其心。亦有相去千里素無雅故，聞其大概而盡得其為人。」（行狀）

2、先生知荊門軍時：(1)「夜有老者訴甚急，謂其子為群卒所殺，先生判翌日呈；僚屬難之，先生曰：子安之，不至是。凌晨追究，其子無恙。」(2)「有訴遭竊，脫而不知其人，先生自出二人姓名，使捕至，詢之服辜，盡得所竊物還訴者。」(3)「語吏，某所某人尤暴。吏亦莫知。翌日，有訴遭奪掠者，即某人也，乃加追治。吏大驚。郡人以為神。」（行狀）

3、「先生之家居也，鄉人苦旱，群禱莫應，有請于先生；乃除壇山巔，陰雲已久，及致禱，大雨隨至。荊門亦旱，先生每有祈，必疏雨隨車。郡民異之」。（行狀）

故象山之學，有其特定的所謂「心學」的神秘色彩，這確非一般學者所能自得，又因為要直指人心，象山會運用擎拳豎拂之類的「手勢」、「呵」等，這些都構成了象山之學的最顯著特點。象山傳人中以明心為教的浙東一脈，所以盛於其他，

這應當列為一個重要的理由。說到這裡，自然會引起一個追問：為什麼象山卻不將在此工夫上見長的弟子列為前茅呢？

象山很少說到「心體」，多說「本心」。他說的本心，指的是一般所理解的全部的心，即心之全體。象山說本心是善的，更像說心全然是善的；說「本心無有不善」，心本來沒有不善的部分。譬如，仁義出自人的本心，本來人人都是具足的，但是，「愚不肖者不及焉，則蔽於物欲而失其本心；賢者智者過之，則蔽於意見而失其本心」。象山所說，也就到此為止了，並不窮究「蔽」了以後這心的結構究竟怎樣。在象山看來，「保養」、「完養」，以「復其本心」，便是為學之門、進德之地，是第一步的工夫。可能會引起的問題是，本心是善的，蔽於物欲之後的行為究竟是何種心發出的？如果還是本心發出的，則所蔽在人的哪一部分？象山並不窮究到這一地步，象山說的本心乾淨俐落則有之，要去認真分析或者是尋個工夫下手處，則未必可能。何況象山之心，直是涵容無限量的時間與空間，所謂「宇宙便是吾心，吾心即是宇宙」，與《易》之「大人者，與天地合其德，與日月合其明」、明道之「仁者渾然與物同體」，一般無兩。這樣的境界，學者雖終身努力亦恐未必能達到，而象山卻在少年時得來，似乎全不費功夫。象山如果只教人去揣摩這與宇宙同的心，則象山會成為一個宗教家，但以象山的儒家立場，一通而百通，本心呈露，而辨志可立得，即因即果，可以順理成章地做去。所以他在直指本心之外，更作了一個轉手：只說失落了本心要去找回來，其途轍就是經由義利之辨以復其本心。於是象山之教便可為一般學者所

容易接受。如此則我們可以理解，象山許為前茅的傅子淵等江西諸弟子，實在「辨志」上立家當。而象山本人在「修道之教」上的一轉手，卻沒有收到象山所希望的學脈流傳的效果。甬上四先生等浙東弟子，重在本心之教，卻偏能張大師門，這也可說是學術史上的一件可圈可點之事。

　　《中庸》謂：「自誠明，謂之性；自明誠，謂之教。」由此來看，對於象山本人（或者也含高根器者），是自誠而明，實見其本心，而事理之明乃可繼施以功。對於大多數一般學者，是自明而誠，先從義利之辨入手，其歸結點卻是復其本心。《中庸》所謂的「自明誠，謂之教」，從象山的教法上，可得確解與實證。象山之後有王陽明，陽明四句教始出，便有錢洪甫、王汝中的兩種理解。兩弟子遂質之於陽明，陽明笑曰：「洪甫須識汝中本體，汝中須識洪甫功夫」。說本體，謂之性，說功夫，謂之教；其精神脈絡，何其一貫乃爾。

　　象山的偉大之處，在於其將本是極主觀、極稀有的對本心的體悟，指示學者以把握的方法，即經由辯志、義利之辨來復其本心。象山的說法是「學問固無窮已，然端緒得失，則當早辨，是非向背，可以立決。……於其端緒之知不至，悉精畢力求多於末，溝澮皆盈，涸可立待，要之其終，本末俱失」（與邵叔宜《全集》卷一）。這種究極上「直指本心」而腳踏實地的方法，脫離了象山本人證悟和行跡上的神秘之處，而創造出新的儒家工夫，即在「念慮初起」之處，即是在「志」、「端緒」的地方，作一個分辨：是「志於義」，或是「志於利」，來正其端緒。這與朱子所說的「『莫見乎隱，莫顯乎微』，雖未大

段發出，便已有一毫一分見了，便就這處分別從善去惡」，乃相近的工夫節目。如前所述，象山的義利之辨，是本心在做主；同時也是經此一辨而復其本心。人的動機決定了人的行為，從追索動機入手來觀察、判斷、調整人的行為，就構成了象山之學的終極指向：象山的學問指的就是做人。正如象山所說的，「某觀人不在言行上，不在功過上，直截是雕出心肝。」所以象山教弟子就獨有側重：「人品在宇宙間迥然不同，諸處方曉曉談學問時，吾在此多與後生說人品。」

　　象山之學術精神和思想光輝，我們今天重溫起來，有耳提面命之親切，有震蒙發聵之震撼，有聽言起行之感召。象山精神的重現，我們可以學到遠離假借模擬、花言巧語、口是心非，志於義、不志於利，即以此辨志、以此省察、以此集義，逐漸變化氣質，完善自我的人格。

2015-7-25

紀念鵝湖之會 840 周年鷺江講會上的發言

# 讀復觀先生《象山學述》書後

## 一、作意與精義

　　一九五五年秋，美國基督教會在臺灣開辦了一所私立大學，徐復觀先生為之取校名為「東海」。這之前不久，徐氏完成了他第一篇學術文章——《象山學述》。陸象山十三歲那年說的一句話正應著此時復觀先生的心情和祈盼：「東海有聖人出焉，此心同也，此理同也。西海有聖人出焉，此心同也，此理同也。南海北海有聖人出焉，此心同也，此理同也。千百世之上有聖人出焉，此心同也，此理同也。千百世之下有聖人出焉，此心同也，此理同也。」（《象山全集》卷三十二）。由此可以感受到精神上徐氏與象山的深切共鳴。

　　在《象山學述》一文中，徐氏之所以認為「與其從學術淵源上去瞭解象山的思想，無寧從時代課題上去瞭解他的思想，更為適當」（《中國思想史論集》臺灣學生書局 1973 年三版，頁 14。以下同書簡稱《學述》，引同書只標明頁碼），是因為在徐氏看來，象山思想包含對時代課題的答覆，而對時代課題的關切，似是徐氏選擇象山作為學術論文之開筆的主要原因。人性的自覺，在君主專制傳統之下特別不容易為士人所堅持，申述此點，無異申言

政治理想的精神基礎。徐氏在《學述》中引象山《荊國王文公祠堂記》中神宗以宋太宗為何如主問王安石的一段話：「……公（安石）曰，君臣相與，各欲致其義耳。為君則欲自盡君道，為臣則欲自盡臣道，非相為賜也。秦漢而下，當塗之士，亦嘗有知斯義者乎？」徐氏謂，象山「是說明君臣之間，不應該有『知遇之感』的這類卑鄙的觀念」。徐氏緊接著寫道：「這幾年常常有關心我的朋友向我說：『你的意見是對的，但最好是不公開發表，只向私人寫信。』又常聽到人說：『某公近來的局量很好，有意見只要當面向他說，而不向外發表，他還可以聽得下去。』目前中國的政治，大體是進步到這種階段。但在八百年前的象山的看法則是：『……入告出順之言，（在人君面前講點直話，在外面則一味恭維，謂之入告出順）德不競之驗也。後世儒者之論，不足以著大公，昭至信，適足以附人之私，增人陷溺耳……』。」（頁62-3）象山當時衡論安石的一番心情，豈不正如後日徐氏之衡論象山。所以他在論及象山政治思想的部分，便倡言：「民主政治的精神基礎，是人格的尊嚴。人格的尊嚴，係來自人性的自覺；人性自覺，是儒家學說的中心。」這樣的精神基礎，他在象山的思想中找到了呼應和理論支持，於是他說：「象山政治思想的第一義，是在發揮孟子民貴君輕之說，以重正君臣的『職分』。並發揮合理（今按，是心即理之理）的精神，以掃蕩千餘年來作為政治精神枷鎖的所謂『名分』（今按，徐氏釋象山意，名分乃各盡職分，若君為專制獨夫，則當正名之）。這不僅在當時是一大革命，即在獨裁自喜，宦妾爭妍的今日世界中，依然要使良心尚未全黑的人，慚愧汗

下。」（頁 60）

　　徐氏《象山學述》的第二點作意，是為針對當日智識分子和統治階層的頑疾欲施以療救，而此種努力的願望復又與象山相似。象山的時代，士大夫在科舉制度下，「讀聖賢書是為了作時文，作時文，是為考科舉，考科舉是為了做官，做官是為了一人一家的享受。在這種情形下，士人口裡說東說西，都是虛語、廢話、謊言。說的內容與說的人自身，毫無關涉。」同時，當時的學風流於浮論虛說，「愚不肖者之弊，在於物欲。賢智者之弊，在於意見」（頁 14-17）。徐氏則認為，「我國在千餘年科舉制度之下，士大夫變成了一個謊言的集團。而近三十年來，流行著兩句最確切不疑的考語是『好話說盡，壞事做盡』。利用各種名詞，口號，想盡各種方法，捏造各種教說，假借各種制度，耗盡國家各種力量，剝落到底的說一句，只是為了一二人權利之心。此一二人權利之心，不能作一個價值轉換，遂令人懷疑到古今中外一切的妙方靈藥，在我們這一代都變為廢物。幾令人懷疑此一民族非萬世為奴不可」。至於針砭時弊的藥石，則象山早經說出，「只要在漆黑的權利之心那裡，輕輕的來一個義利之辨，把個人權力欲的動機，轉為悲天憫人的動機，使一切的事成為『實事』，行成為『實行』，則一切無用的東西，立刻可以變為有用，國家立刻可以得救。」因此徐氏推崇象山學術抱有強烈的政治取向：「中國的政治問題，不追索到這種地方，甚至以各種浮文虛說來辯護這種地方，則一切努力，只如象山所說的『抱薪救火』。所以就整個人類講，尤其就中國現勢講，象山所主張的這種價值轉換，實

是起死回生的不二法門。」（頁24-25）

又其次，象山認為「三聖」是儒家的正統：「至於近時伊洛諸賢，研道益深、講道益詳，志向之專、踐行之篤，乃漢唐所無有，其所植立成就可謂盛矣！然江漢以濯之、秋陽以暴之，未見其如曾子之能信其皓皓；肫肫其仁、淵淵其淵，未見其如子思之能達其浩浩；正人心、息邪說、拒詖行、放淫辭，未見其如孟子之長於知言；而有以承三聖也」（〈與侄孫濬〉）。徐氏承認這一點：「從曾子、子思到孟子是一派；……我以這一派為孔門的正統派」（頁199）。象山的學術淵源，「若就廣義的思想淵源說，則亦可謂與朱元晦同出於伊洛。若就狹義的師傅說，則陸氏兄弟『自為師友』，可謂孤軍特起，不必另有所付麗。若就個人治學之所由啟發，亦即其所最得力處說，則他自己分明說是『因讀孟子而自得之』（語錄）。此語與其全部學術之精神，最吻合無間」（頁14）。所以，「象山之學，最足表現中國文化之基本精神」。[1]此種基本精神所表現的時代意義在於：「近代實存主義，立於人的實存之上，或走向社會，或走向上帝，但亦可走向人類野性之解放。禪宗墮落下來，亦常流於狂禪。但以義利之辨為總樞紐的心學，則只會走向上帝，或走向社會，決不能有野性之解放與狂禪之流弊。在象山個人，則走向社會之意味較多。陸學之所

---

[1] 《象山學述》前言，原載 1954 年 12 月《民主評論》第五卷第二十三期，收入《徐復觀雜文補編》第一冊，轉引自陳克艱編《中國學術精神》華東師大出版社 2004 年 2 月版，頁 267。

以最足以表現中國文化之基本精神而有其獨立之地位者在
此。」（頁 71）所以可以說，徐氏實際上認為，象山的思想，
乃是儒家正統。

　　徐氏對象山學術的整理闡發，在以下數點上，特見精彩。

　　1、象山思想的結構是：辨志、義利之辨、復其本心。象
山的所謂學問指的是做人；決定人的行為的，是人的動機──
「念慮初起」之處，即「志」。辨志，即是辨別「志於義」或
是「志於利」。真正能夠保證人「志于義」、徙義棄利的，是
找回人人自有的「本心」。徐氏謂：「義是人固有的，利欲意
見是後來的；主客分明，於是在志的地方，自然有一個義利之
辨。義利之辨，即是本心在那裡作主；所以義理之辯的同時，
即『復其本心』了」（頁 19）。**象山這一思想的綱維，對於儒
家思想的重要貢獻在於**：儒家以孝弟為仁之本，這就使得儒
家的道德，家庭意味常超過社會意味，流弊遂常出自此；「象
山則經常以義利之辨縮帶一切，使儒家道德，由家庭直接貫通
於社會國家，這是儒家精神向前的一大伸展」（頁 21）。這一
點自來未有人論及，並於我們今天對儒家思想的再認識，有重
大意義。

　　2、象山之學，由辨志以正端緒的治學方法，主要的工夫
直接落在了「事」上。「事是陸學的骨幹。象山在儒家精神中
加強了社會性，自然也加強了事功性」；「總結一句，象山千
言萬語，要道德的行為，道德的生活，從個人的道德主體──
心中流出，客觀化而為實行實事，這才是真的，實的，不是杜
撰的。」（頁 26、27）對於陸、王心學，特別是象山之學，是以

實踐精神貫徹始終的，這一點常被學者誤解。徐氏此說，特為警醒。（按，錢穆先生在完成《宋明理學概述》後，有一短文亦論及象山與陽明之學「只重人生實踐」的精神。）在《象山學述》的最後部分，徐氏歸納象山知荊門軍的最後十六個月中的行政建樹凡五個方面，而謂：「象山之心學，一面為個人國家社會之融合點；一面為人對國家社會事業負責之一種生命力的解放，使人真能感到『滿心而發，充塞宇宙』之生命力量的偉大。」（頁71）

　　3、朱子之學，有其自身的矛盾，以我所見，論者多從時間的先後，來分析和解釋朱子思想的演變，如陽明之《朱子晚年定論》。徐氏則從朱子學問的結構入手，謂：「朱子以『已發』『未發』問題為中心之演變，中年歸結到伊川之『涵養須用敬，進學在致知』，已成定局，此後更無大變更；所以朱子終身是學伊川。因此，從時間的先後，恐怕不能解決朱子自身所包含的矛盾問題」（頁31-32）；進而精確地指出了朱學的矛盾：「朱元晦讀書窮理的工夫，……主要是知性追求知識的活動；用在實然的物理世界，可以成就科學；用在倫理的世界，可以成就關於倫理的一種知識。此種知識可能引發一個人的道德，但它不是道德主體的本身，所以並不能因此保證一個人的道德」（頁37）。至今看來，還是比較穩當的說法；因此說照顧到一個重要關節，即朱子之學「可能引發道德」，而不是與道德的培養南轅北轍。[2]

---

[2]　稍後的 1956 年，牟宗三先生在《陸王一系之心性之學》一書中討論此問題，則認為朱子的「尊德性顯然是經驗地、外在地。推之，其一切敬

4、似乎可以說，徐氏的政治文化理想，是「要把中國文化中原有的民主精神重新顯豁疏導出來。這是『為往聖繼絕學』」、「要在中國文化中發現可以和民主政治銜接的地方」[3]；孔孟等先秦儒家反對專制的思想在秦漢以後，為專制政治所壓迫和閹割，「孟子的民本思想，中絕者千餘年，僅象山能完全擔當」（頁59）。故於《象山學述》特辟出「象山政治思想」一章，中有謂：「民主政治的精神基礎，是人格的尊嚴。人格的尊嚴，係來自人性的自覺；人性自覺，是儒家學說的中心，至孟子而特為深透，故孟子有民為貴，社稷次之，君為輕的主張，為我國民主思想之先導。」「真正有了人格尊嚴的自覺，而此自覺所憑依的內容是『心即理』，則由此而轉到政治問題上去，自然只見每一『生命單位』，同為頂天立地的存在，而不能容許一二專制之夫，恣肆於群生之上；自然一切皆以理為依歸，而不能承認由專制政治所培養出來的精神枷鎖。於是象山政治思想的第一義，是在發揮孟子民貴君輕之說，以重正君臣的『職分』。」（頁60）

5、徐氏自謂：「我若不是先把西方倫理思想史這一類的東西摘抄過三十多萬字，我便不能瞭解朱元晦和陸象山，我便不能寫《象山學述》。」（《徐復觀文集　第一卷》）但徐氏在運

---

的工夫亦都是經驗的、外在的」；「是則朱子之途徑實是道問學之途徑（為學日益——今按，此四言為原有，下同），于學術文化自有大貢獻，而于成聖成賢之學問（為道日損）在則不甚相應也。」

[3]　《徐復觀雜文續集》1981年明報出版公司初版，頁413。

用西方哲學方法時，有著高度的學術上的自律性，並且從中國
學問的特質出發[4]來研究和闡述問題，他並不將象山、朱子的
言語思想裝入西方哲學概念或框架之中，也不在自己的思想骨
架上填入研究對象的血肉。他喜用的一種方法是，從西方哲學
系統中擷取某一個觀點或結論，作為研究中國傳統文化思想上
所缺少的一種參照系。例如徐氏文中所討論的朱陸異同，涉及
到國人異見紛紜的尊德性與道問學的問題。徐氏認為，以物理
為對象的知性的知識活動，及以倫理為對象的德行的活動，屬
於人的心最主要的兩類活動。在論證兩者關係時，徐氏引用了
索羅金（按，原文作索諾根）的研究結果，即由知性係數、精神檢
查等技術所測定的知性，「看不出是使人成為利他或利己的要
因」；所以徐氏寫道：「他最後的結論是要求在人格與行為的
四種不同的形式中，把最高的『超意識』（有似於象山之所謂本

---

4　「用嚴格的體系哲學的態度來處理中山先生的思想，處理得愈成功，可
　　能與本來的性格和機能相去愈遠。何以故？體系哲學的基礎，依然是建
　　立於知識之上，依然是建立于思維推論之上。知識、思維的活動過程，
　　與自然科學活動的過程，有相同之處，即是由抽象以建立概念（公式）
　　的過程。在此種過程中，勢必將異質的東西加以排除；所以科學知識必
　　然是專，必然是偏；體系哲學的概括，結果也同樣是偏是蔽。人是『異
　　質的統一』，由人所構成的國家社會，也是『異質的統一』。站在知識
　　的立場，只能順著異質中的某一質去發展。所以僅通過知識，不可能得
　　到異質的統一，因而也不可能把握到一個整全的人，整全的社會、國
　　家。」（《徐復觀文存》，學生書局 1991 年版，頁 86）。同類意見又
　　見於《徐復觀雜文續集》所收《向孔子思想性格的回歸》中，分析孔子
　　思想的系統性問題。

心）解放出來」（頁 32-33）。徐氏從西方哲學系統中引入參照系，為中國傳統文化思想研究者提供工具、思考背景、磨刀石的方法，對我們今天認識和弘揚傳統文化思想仍有著重大意義。

6、徐氏指出了禪宗給予宋儒的影響：第一、在「涵養工夫」的層面上，先秦儒如孟子、荀子尚未將其明確化為學問之基礎，這一套工夫，是由印度瑜伽，經過了禪宗數百年的努力實踐乃得創成。依徐氏意，似在宋後成為儒家普遍接受的工夫，所謂「學問之基礎」。第二、對於人類「心」的探索，本是中國文化自己的方向；但心性之學，為章句之學遮斷者近千年；禪宗所明之心，本與儒家在此心的原有位置上，所以與儒家有其會同默契之點。宋代理學從心性下手，定會受到禪宗影響，也無法抹殺禪宗的成果，因為問題的對象是相同的。所以，宋儒，如朱子，其實不必怕「近禪」，而所謂宋儒是「陽儒陰釋」的說法，也是不通之論。在我們今日的儒學研究和實踐中，同樣地無法回避佛老二氏，體悟和深思徐氏的這一思想，對於種種混沌看法，有照亮的作用。

以下將就《學述》中的幾個問題，作重點討論。

## 二、象山的不無神秘之「心」

「象山與佛老」在《學述》中有一專章，對於當時多說象山之學是禪學，徐氏總結了五點原因：1、象山認為「心即理」，不認心與性有何分別，這與禪宗相類。2、書本子在象山思想上所占的份量比較輕，所謂「六經皆我注腳」；這與禪

宗「不立文字」、直指人心相似。3、因為要直指人心，象山會運用與禪宗擎拳豎拂相類的「手勢」、「呵」等。4、象山對於與禪之同者，即承認其同，而不避嫌。5、象山被誤會為斥朱子及不同意見之人為異端，而明辨佛老非孔子所稱之「異端」。

徐氏所總結者皆是，但象山的如下的言行，並未被徐氏所歸納列出，而《學述》之全篇，亦對此未加評述。而象山的這部分言行，不僅在象山學術中佔有重要地位，且欲衡評象山實亦不可置之不論。今將相關史料大略列舉：

紹興十二年，先生四歲。「靜重如成人。常侍宣教公（象山父）行，遇事物必問。一日忽問：天地何所窮際？……遂深思至忘寢食。總角即經夕不寐，不脫衣履……常自灑掃林下，宴坐終日」。（年譜）

紹興二十一年，先生十三歲。因悟宇宙字義篤志聖學。「因讀古書至宇宙二字，解者曰，四方上下曰宇，往古來今曰宙。忽大省曰：元來無窮，人與天地皆在無窮之中者也。乃援筆書曰：宇宙內事乃已分內事；己分內事乃宇宙內事。又曰：宇宙便是吾心，吾心即是宇宙」。（年譜）

紹興二十三年，先生十五歲。作詩：「書非貴口誦，學必到心齋」。（年譜）

乾道八年，先生三十四歲。「先生深知學者心術之微，言中其情，或至汗下。有懷於中而不能自曉者，為之條析其故，悉如其心。亦有相去千里素無雅故，聞其大概而盡得其為人。」（行狀）

淳熙十年，先生四十五歲。「先生謂曰：『學者能常閉目

亦佳。』某因此無事則安坐瞑目，用力操存，夜以繼日。如此者半月。一日下樓，忽覺此心已復，澄瑩中立。竊異之，遂見先生。先生目逆而視之，曰：『此理已顯也。』某問先生何以知之？曰：『占之眸子而已。』」（語錄）

先生知荊門軍時：1、「夜有老者訴甚急，謂其子為群卒所殺，先生判翌日呈；僚屬難之，先生曰：子安之，不至是。淩晨追究，其子無恙。」2、「有訴遭竊，脫而不知其人，先生自出二人姓名，使捕至，詢之服辜，盡得所竊物還訴者。」3、「語吏，某所某人尤暴。吏亦莫知。翌日，有訴遭奪掠者，即某人也，乃加追治。吏大驚。郡人以為神。」（行狀）

「先生之家居也，鄉人苦旱，群禱莫應，有請于先生；乃除壇山巔，陰雲已久，及致禱，大雨隨至。荊門亦旱，先生每有祈，必疏雨隨車。郡民異之」。（行狀）

故知象山稟賦天成，象山之學亦確有他人不可及處。觀諸朱子，此類言行便絕少見。或正因了這一面，象山論斷堅決；其與朱子論太極圖說，便斷然稱：「某竊謂尊兄未曾實見太極」；以象山品格，當必有所見，方能說得如此話來。

再觀察陸門弟子。象山本人最所認可的為江西一系。首稱傅子淵，《槐堂諸儒學案》謂：「一日，讀《孟子公孫丑章》，忽然心與相應，胸中豁然，尚未知下手處。及見象山，始盡知入德之方，謂剛（陳剛，亦象山弟子，後叛師門最甚）曰：『陸先生教人辨志，只在義利。嘗謂人曰：「人生天地間，自有卓卓不可磨滅者在，果能於此涵養，於此擴充，良心善端，交易橫發，塞乎宇宙，貫乎古今。」』象山論及門之士，以先

生（即傳子淵）為第一，……先生性地剛毅，然多偏，自言初見
象山，即聞艮背行庭之教」。這裡有幾點值得注意：1、傅氏
讀孟子有悟，但仍需見象山，才知下手處。象山讀孟子自得之
為學樞紐，如辯志、義利之辨，在傅氏身上沒有發生。換句話
說，學者欲得象山之學，須有大力之師（或只有象山本人）從文字
之外施以教導。此觀於象山弟子無有以辯志、義利之辨為教者
可知。2、傅氏所稱象山的教法，是以心上的涵養與擴充為主
要工夫。3、但傅子淵性格「多偏」（按，《學案》此說與朱子
同）。朱子與象山書：「傅子淵去冬相見，氣質剛毅，極不易
得。但其偏處亦甚害事」（《朱子文集》卷三十六）。所謂偏處，
或即象山與朱子書中所稱，「子淵前月到此間，聞其舉動言論
類多狂肆」（同上）。4、傅氏自言初見象山所得，乃「艮背行
庭之教」；象山有曰：「艮其背，不獲其身，無我；行其庭，
不見其人，無他」（語錄）。因此傅子淵之學於象山，頗有得
一心傳而舍我其誰的意態；這似便是象山說他的「佳處在此，
其病處亦在此」。至於時為象山「代講」，並受象山之托、守
住象山精舍大本營的傅季魯，則明明白白是著書講學的了。這
與象山對於讀書的態度來說，是矛盾的。所以黃宗羲會說：象
山「學脈流傳，偏在浙東，此外則傅夢泉而已」。

　　而並未被象山許為前茅的浙東弟子，全祖望卻謂「象山之
門，必以甬上四先生[5]為首」，這應該是象山的痛。其中首稱

5　　祖望謹案：甬上四先生之傳陸學，楊、袁、舒皆自文安，而沈（煥）自文達
　　（陸九齡復齋），《宋史》混而列之，非也。（《宋元學案》卷七十六）

楊慈湖，黃宗羲說他：「慈湖以不起意為宗，是師門之的傳也」。下引兩事，可見得慈湖學問之精神面貌：1、「象山數提本心二字，先生問：「何謂本心？」象山曰：「君今日所聽扇訟，彼訟扇者，必有一是，有一非。若見得孰是孰非，即決定為某甲是，某乙非，非本心而何？」先生聞之，忽覺此心澄然清明，亟問曰：「止如斯邪？」象山厲聲答曰：「更何有也？」先生退，拱坐達旦，質明納拜，遂稱弟子。已而沿檄宿山間，觀書有疑，終夜不能寐，瞳瞳欲曉，灑然如有物脫去，此心益明。」2、「面奏：「陛下自信此心即大道乎？」寧宗曰：「然。」問：「日用如何？」寧宗曰：「止學定耳。」先生謂：「定無用學，但不起意，自然靜定，是非賢否自明。」他日，又言：「陛下意念不起，已覺如太虛乎？」寧宗曰：「是如此。」問：「賢否是非歷歷明照否？」寧宗曰：「朕已照破。」先生頓首為天下賀」（《宋元學案》卷七十四）。其次是袁燮（絜齋）與舒璘（文靖）。全祖望在《城南書院記》裡引袁氏的話：「學貴自得，心明則本立，是其入門也」，又曰：「精思以得之，兢業以守之，是其全力也」，評論其教法穩當不偏。而後者，《學案》稱「其學以篤實不欺為主」。由此三人觀浙東之學，慈湖似過而袁、舒似不及，過與不及，皆不能與象山之學無毫釐之差。

　　故象山之學，有其特定的所謂「心學」的神秘色彩，而確非一般學生所可自得或企及。但象山對於象山之學，卻並不以此神秘色彩為首要，故傅子淵被許為弟子之首；反而其所未稱許至此者卻為研究者如黃宗羲認為得象山嫡傳。徐氏所謂，象

山的思想結構為辯志、義利之辨和復其本心；若此說果然，則象山所傳之「艮背行庭」、「不起意」[6]之教，將沒有交代。並且也不能解釋，既以義利之辨為象山學問的總樞紐，以象山弟子之眾，何以竟似無一人推廣和發揚之？所以，我更傾向於將辯志、義利之辨視為象山的獨特教法，而象山思想的核心，是落實在不無神秘的本心——心之本體的自我省發上；其徐氏所指出的思想結構，卻是由此核心下落、構築而得。象山的偉大之處，在於其將本是極主觀、極稀有的對本心的體悟，指示學者以把握的方法，即辯志、義利之辨和復其本心。這種「直指本心」而腳踏實地的方法，直截了當，毫無神秘之處，便也使得一切希圖借私心、意見、學術、主義來掩蓋怯懦和黑心的人，無所遁形。

## 三、朱陸異同：陸學進行時

誠如徐氏在論及陽明之學時的「究極點以論」，他並且說，「和前面所涉及的朱學一樣，或僅為其一面或一端。若即以此為概括了他們的全體，則我將感到自己內心的惶恐。……

---

[6]　黃宗羲謂：「案慈湖之告君曰：「此心即道，惟起乎意則失之。起利心焉則差，起私心焉則差，起權心焉則差。作好焉，作惡焉，凡有所不安於心焉皆差。即此虛明不起之心，以行勿損勿益，自然無所不照。」然則不起意之旨亦略可識矣，又何曾若考亭之言邪！但慈湖工夫入細，不能如象山一切經傳有所未得處，便硬說鬧倒，此又學象山而過者也。」（《宋元學案》卷七十四）

順著一條理論的線直追下去，總不能無遺漏之感」（頁53）。
我在作究極之論的時候，確實滿懷的誠惶誠恐，深深畏懼於自
己放膽的狂言，可能在某一點上因學力未充而違背事實，或者
竟是全然的顯示出自己思維訓練的不足。但我斗膽寫出來的底
氣，來自於我對朱子與象山深深的敬仰。

　　朱子和象山都說「本心」，也都說「心之本體」、「心之
體」；但他們對此有各自的理解和解釋。朱子說「心體」的時
候，其含義是：「體不是體用之體，恰似說『體質』之
『體』，猶云『其質則謂之易』」（《語類》卷五）。[7]這裡的
「質」，不是人體氣質之質，而是指人心的本質部分，也即心
的天理的部分。在朱子，心之本體和心體、本心沒有區別，所
以他說「心之本體本無不善」、「本心無有不仁」。但是，
「心之全體」卻是另有一番含義。本心純然是善的，至於不
善，也屬於心，屬於心的本體之外的部分。善的部分與不善的
部分，共同構成了心的全體。下面一段對話可以參證：「問：
『心之為物，眾理具足。所發之善，固出於心。至所發不善，
皆氣稟物欲之私，亦出於心否？』曰：『固非心之本體，然亦
是出於心也。』又問：『此所謂人心否？』曰：『是。』子升
因問：『人心亦兼善惡否？』曰：『亦兼說。』」（《語類》卷
五）。所以要盡心之全體，便需要靠窮理來解「氣稟物欲之
私」之蔽，顯發人的本心，把本心擴充至心之全體，此即所謂

---

7　《近思錄》卷一載明道語：「蓋『上天之載，無聲無臭』。其體則謂之
　　易，其理則謂之道，其用則謂之神，其命於人則謂之性。」

「盡此心之量」；換言之，便是要使心之善來更換了心之不善。人心的本質的部分不斷擴大，其終極，便是回復到了心之全體莫非天理。從倫理的角度來看，這倒像是橫渠的話：「天大無外，故有外之心，不足以合天心」（《近思錄》卷二）。朱子教學者用功，歸結在人格養成上，要學者復其本心：「人之本心無有不仁，但既汩於物欲而失之，便須用功親切，方可復得本心之仁」；「人未嘗無是心，而或至於不仁，只是失其本心之妙而然耳」（《文集》卷四十，答何叔京）。象山說朱子「信心不及」，並沒有說錯，朱子認為常人的本心有一層蒙蔽物，不去除蒙蔽物，則本心不現，便不能盡心、盡性、盡此心之量。

　　象山很少說到「心體」，多說「本心」。他說的本心，指的是一般所理解的全部的心，即心之全體。朱子說心的本體是善的，更像是說心的一部分，「體」，總是善的；象山說本心是善的，更像說心本來是善的。象山說「心即理」，就是說「本心無有不善」，心本來沒有不善的部分。譬如，仁義出自人的本心，本來人人都是具足的，但是，「愚不肖者不及焉，則蔽於物欲而失其本心；賢者智者過之，則蔽於意見而失其本心」。象山所說，也就到此為止了，並不窮究「蔽」了以後這心的結構究竟怎樣；在朱子看來，「保養」、「完養」，以「復其本心」，便是為學之門、進德之地，是第一步的工夫。可能會引起的問題是，蔽於物欲，如果不是蔽在人的心上，也不可能是四體百骸被蔽了，那麼究竟是人的哪一部分被蔽了？象山並不窮究到這一地步，象山說的本心乾淨俐落，沒有朱子的許多糾葛，而且看起來像是比朱子說的心來得小。但是，朱

子說到心的「全體大用」，不過是「一動一靜之全體」、「具
眾理而應萬事」；而象山卻說：「心之體甚大，能盡我之心，
便與天同」；這卻像象山說的心，又比朱子來得大得多。這是
怎麼回事呢？回溯到象山十三歲上所說的：「宇宙便是吾心，
吾心即是宇宙」；象山之心，直是涵容無限量的時間與空間，
與《易》之「大人者，與天地合其德，與日月合其明」、明道
之「仁者渾然與物同體」，一般無兩。象山是在見了本心之後
來說的，如果以此規範初學，在這裡便會顯出陸學自身的矛
盾。

如徐氏所問：「人何以能辨別出自己所志的是義或是
利？」徐氏謂，「本心即是公即是義」（頁 18），若所志出於
本心便是義，故能夠辯志的前提是呈現本心；但是，又需要
「由辨志的義利之辨以復其本心」（頁 23），即呈現本心的前
提是辨志，故復其本心又要從辨志開始著手。所以這一段的工
夫其實不容易實踐：一路闖關的力量，正要依賴於本心的發
露；而本心既已發露則說明闖關已經成功了，本心昭然已在，
已經是闖關之後的境界了。對於象山本人，一通而百通，辨志
可立得，而本心即呈露，即因即果，可以順理成章地說下來。
但若以此教人，這一矛盾是需要學者自家去體會和理順的，否
則就不能明白，如象山所說：「凡欲學者，當先識義利公私之
辨」（語錄），這麼簡單的一句話，何以其嫡傳弟子便理解不
同。如前面已經提及的楊慈湖，便主張「以不起意為宗」，這
與象山的起意之後（義利公私）繼之以辨，精神樣貌都是不同
的，而黃梨洲按語卻謂：「是師門之嫡傳也」。象山許為「及

門第一」的傅子淵，性地多偏。怎麼個偏呢？張南軒寫信給象山，說子淵「論學多類揚眉瞬目之機」（《槐堂諸儒學案》）；象山認為的子淵的「病處」，或者就在這裡，而象山所欣賞的，似乎也就在這裡。時替象山講學，象山盡以書院事相付的傅子雲，則是著述頗豐，與象山的不著述兩樣。反觀朱門弟子，多守師門之教甚謹，卻未見所主張之相去如陸門者。我們在探究和傳播象山之學時，這一點似是應該加以注意的。另一方面，鵝湖之會，所辯在於教人之法，象山最後想說的是「堯舜之前何書可讀？」，作為可以直接發露本心、復其本心的力證和啟示；而象山所教弟子，從學案所列看，在師從象山前，皆已飽讀詩書，對於聖賢言行早已熟悉，並不是無知未教之人。也因為這樣的學術背景，如象山所說的「蔽於意見」等當時知識分子的毛病，一點即明、一點即醒；若弟子身不在知識分子之列，可以有不知聖賢、教化未及的藏身之處，則象山之教法就不會這麼有力。因此，在徐氏指出的陸學必須有師親傳之外，還需要補充一點，弟子也需要有相當的學歷。上面舉到的傅子淵的例子，也正說明了這一點，子淵讀孟子公孫丑章，義利之辯的道理是早就知道的，所缺的正是「入德之方」，說穿了就是叫弟子拿出實行的勇氣來，不要再推脫遮掩；說學，首先就是學的這個。所以象山會說：「諸處方曉曉談學問時，吾在此多與後生說人品。」（《語錄》）

　　在說陸學的矛盾時，當然是「究極以論」的話，實可不再陷入這番糾葛，因為我們今天特別需要推重象山之學。今天的教育昌明，漫天皆是無人不知的「道理」，早已是學問熏天、

議論氾濫，多少混飯吃的勾當、無羞恥的幌子，假學術之名以行；當然這時需要有朱子的嚴謹治學、不容阿世曲學混跡於教學和宣導之列，更需要有象山的簡重嚴正、以義利之辨直指人心。由此看來，復觀先生以《象山學述》為真正做學問的開山之作，在六十年後的今天，更加顯現出其思想的光輝。

## 四、朱陸異同：理在哪裡？

徐氏謂：「朱子認為理是在書上，讀書是為了窮理，做學問是要把書上的理一點一滴的積了起來，……。但在象山則認為心即是理。復其本心，則理從心內流出來；所以他常引用孟子源泉混混的幾句話。讀書不過是此心的一種印證，即所謂『六經皆我注腳』。」（《語錄》，頁 25）「書是朱學的骨幹，而事是陸學的骨幹。」（頁 27）

象山說：「天之所以與我者即此心也。人皆有是心，心皆有是理；心即理也」（《全集》卷十一，與李宰）。理的根源在心，故徐氏之說象山，是完全沒有問題的。但朱子似不認為理的根源在書，朱子也沒有說過、並從不認為「書即理」。相反，朱、陸對理的根源的認識，是完全一致的；這一點，徐氏沒有指出來，但是確有說明的必要。下面略引朱子所說以見：

一心具萬理。能存心，而後可以窮理。（《語類》卷九，學三）

> 心包萬理，萬理具於一心。不能存得心，不能窮得理；
> 不能窮得理，不能盡得心。（《語類》卷九，學三）

> 理不是在面前別為一物，即在吾心。人須是體察得此物
> 誠實在我，方可。（《語類》卷九，學三）

> 性便是心之所有之理，心便是理之所會之地。（《語類》
> 卷五，性理二）

> 性是理，心是包含該載，敷施發用底。（《語類》卷五，性
> 理二）

　　象山既然認為心即理，於是便在心裡找理。但是朱子雖然
說心具萬理、理在一心，這理卻只在心的一隅——性，故說性
為心之理，性即理。象山說他「信心不足」，從上一節的敘述
可知，他們倆所說的心是不同的，朱子沒有象山的本心觀念，
所以在朱子看來，一方面對大多數人的心體所發出的善不認為
是常態的，另一方面心體更多地會被物欲所蔽。因此朱子總說
要向外去致知、去窮理，這是借個火種來點燃，或者說是借個
砂紙來打磨。從這一點看，與徐氏所說的並不一致：「朱子便
一面在構想的實然世界（今按，即指以物理為對象的知性的知識活動）
根源中（如太極圖）去找應然世界（今按，即指以倫理為對象的德行的道
德活動）的根源；這便成為他的形而上學的性格。一面在分殊
的事物上去『即物窮理』，要由這些理的積聚而得出『一旦豁

然貫通』的『全體大用』（今按，指一以貫之的人生道德）」（頁35）。在徐氏看來，這樣做的成功率是很低的，因為徐氏文中已經引證了知識活動和道德活動兩大界域的關係關聯度不高、不穩定。但是，把這一點指為朱子自身的矛盾，恐怕在朱子本人並不能服氣。朱子認為需要向外窮理，並不是因為「在朱子的精神中，實在很強烈的躍動著希臘文化系統中的知性活動的要求」（頁35），而是另有其原因。這原因，可以簡略地概括說，朱子認為，心雖具萬理，但人不能皆如聖賢而能生來而明得此萬理，而必須經學問之功。朱子有一段話說此最明白：

> 人心知此義理，行之得宜，固自內發。人性質有不同，或有魯鈍，一時見未到，得別人說出來，反之於心見得為是而行之，是亦內也。人心所見不同，聖人方見得盡。今陸氏只是要自渠心裡見得底，方謂之內，若別人說底，一句也不是，才自別人說出，便指為義外。如此乃是告子之說。如生而知之與學而知之、困而知之，安而行之與利而行之、勉強而行之，及其知之行之則一也，豈可一一須待自我心而出，方謂之內？所以指文義而求之者，皆不為內，故自家才見得如此，便一向執著，將聖賢言語亦便不信，更不去講貫，只是我底是，其病痛只在此。只是專主生知安行，而學知以下一切皆廢。（王白田《朱子年譜》中華書局 98 年版，頁 155 引語錄）

所以，象山說朱子「信心不及」，並沒有全冤枉了朱子。

只不過，朱子不是信「一切心」不及，而是信那些仍然需要學知、困學者的心不及。作為一種教法，朱子的辦法是「把纜放船」，所以他特別不能同意象山認為人人都具備易簡地體悟到本心的能力。朱子自覺已經老了來日無多，怕後人誤解，不得不「苦口說破」：「陸子靜之學，千般萬般，病只在不知有氣稟之雜，把許多粗惡底氣都把做心之妙理，合當恁地做將去。」「看子靜書，只見他許多粗暴底意思可畏，其徒都是這樣，才說得幾句，便無大無小，無父無兄，只我胸中流出底是天理，全不著得些功夫。看來這錯處，只在不知有氣稟之性」（年譜頁 151、152 引語錄）。所以朱子的教法，是強調因人的不同稟賦而施以教育的；這由以下三條可見：

> 1、如「孟子道性善」，不言氣稟，只言「人皆可以為堯舜」。若勇猛直前，氣稟之偏自消，功夫自成，故不言氣稟。（《語類》卷四，性理一）

> 2、有資質甚高者，一了一切了，即不須節節用工。也有資質中下者，不能盡了，卻須節節用工。（《語類》卷八，學二）

> 3、王子充問：「某在湖南，見一先生只教人踐履。」（朱子）曰：「義理不明，如何踐履？」（王子充）曰：「他說：『行得便見得。』」（朱子）曰：「如人行路，不見，便如何行。今人多教人踐履，皆是自立標致

去教人。自有一般資質好底人，便不須窮理、格物、致
知。聖人作箇大學，便使人齊入於聖賢之域。若講得道
理明時，自是事親不得不孝，事兄不得不弟，交朋友不
得不信。」（《語類》卷九，學三）

上引第一條是勇猛者可以克去氣質之偏、工夫自成。第二
條，見得朱子也肯定有「一了一切了，不需節節用工」的學問
途徑。第三條是強調明理而後踐履的，這需要再略加討論。朱
子將其主張與象山的不同，總結為「尊德性，道問學」兩者間
拿捏的輕重不同，這是對陸學的肯定。也看得出，朱學仍是要
歸結在心上，也就是歸結到「尊德性」上。在朱子的學問路徑
圖上，書上的理，經由事的踐履，實現人格的完善。所以，事
上磨練，對於朱學，乃至上溯到伊川，都是極所強調的。徐氏
似乎過於強調了陸學的這一面[8]，如徐氏說：「他常說『道外
無事，事外無道』。他所說的道，亦即他所說的理。他既認為

---

[8]　徐氏頁 27 有小誤：「朱元晦答沈晦叔書云：『近日一派流入江西，蹴
　　踏董仲舒而推尊管仲王猛』（朱文公文集卷五四）。象山似未曾蹴踏董
　　仲舒；但由此亦可知陸門重事功的精神實過於程朱。」觀《語類》卷一
　　百二十二：問：『前蒙賜書中，有「近日浙中學者多靠一邊」，如
　　何？』曰：『往往泥文義者只守文義，淪虛靜者更不讀書。又有陳同父
　　一輩說又必求異者。某近到浙中，學者卻別，滯文義者亦少。只沈晦叔
　　一等，皆問著不言不語，說著文義又卻作怪。』又，《語類》卷一百二
　　十三：「陳同父學已行到江西，浙人信向已多。家家談王伯，不說蕭何
　　張良，只說王猛；不說孔孟，只說文中子，可畏！可畏！」朱子書指的
　　是永嘉，而非陸門。

心即理，心與理是一，即可說心即事，心與事是一；因此，他一說到心，便常說到事。」（頁 26-27）。「總結一句，象山千言萬語，要道德的行為，道德的生活，從個人的道德主體——心中流出，客觀化而為實行實事，這才是真的，實的，不是杜撰的。由此心推而上之，同時即是由此心推而外之；僅由此心去認識，去捉摸，其實人去捉摸得最好的，也只如攝影所得的影像。」以下舉例謂今日智識分子品格大體上皆不如愚夫愚婦，都市人的品格大抵不如農村，而武訓不懂道理，其救窮子弟之念，自其心坎中流出。這些都只有象山的學說才可加以解說，等等（頁 27）。這些話放在朱陸比較的背景下來讀，是容易引起誤解的，似乎朱學強調理在書裡，會掩蓋或沖淡學者對於踐履的要求。實際上，朱子從來說書不離說事，如說「若不讀這一件書，便缺了這一件道理；不理會這一件事，便缺了這一件道理」，何曾說理只當在書本上求？朱子對於踐履的講求，越近晚年，由於種種原因，越加以強調，這裡只引幾段話略加印證。

　　淳熙十二年乙巳，1185 年，朱子 56 歲，作《曹立之墓表》，而朱陸之爭開始趨於明顯和激烈。到淳熙十五年戊申，朱子年 59，〈答趙子欽書〉謂：「子靜後來得書，愈甚於前，大抵其學於心地工夫不謂無所見，但欲恃此陵跨古今，更不下窮理細密工夫，卒並與其所得者而失之。人欲橫流，不自知覺，而高談大論，以為天理盡在是也，則其所為心地工夫者，又安在哉！」朱子是肯定象山的「心地工夫」的，但不贊成象山的「不下窮理細密工夫」，朱子的窮理便又體現在對踐

履的強調，其強調的烈度，顯然有受到象山刺激的因素，儘管他對於象山之學確實存在重大的誤解。到朱子 60 歲時，〈答林伯和書〉云：「莫若且以持敬為先，而加以講學省察之助。……（這一段講讀論、孟、二程，從略）成誦在心，乃可加省察之功，蓋與講學互相發明。但日用應接、思慮隱微之間，每每**加察其善端之發**，慊於吾心，而合聖賢之言，則勉屬而力行之；其邪志之萌，愧於吾心，而戾于聖賢之訓，則果決而速去之」。朱子 71 歲，〈答廖子晦〉云：「蓋原此理之所自來，雖極微妙，然其實只是人心中許多合當做底道理而已。但推其本，則見其出於人心，而非人力之所能為。故曰：天命雖萬事萬化，皆自此中流出，而實無形象之可指，故曰『無極』耳。若論功夫，則只擇善固執、中正仁義，便是理會此事處，**非是別有一段根原功夫，又在講學應事之外也**。如說求其放心，亦只是說日用之間，收斂整齊，不使心念向外走作，庶幾其中許多合做底道理，漸次分明，可以體察。亦非捉取此物，藏在胸中，然後別分一心出外，以應事接物也。」

　　由以上，擇善固執、成誦省察、應接思慮、講學應事，是真朱子的用力所在，說「書是朱學的骨幹」，將妨礙對朱學的瞭解。朱子自謂：「豈可畫為兩途，說靜坐時與讀書時工夫迥然不同。當靜坐涵養時，**正要體察思繹道理，只此便是涵養**」（語要）。朱學的脈絡，讀書是進學的一端，至於致知、窮理，還有省察、講學、日用應接、勉屬力行、擇善固執，等等一大段的「工夫」。簡練一點說，朱子教人，讀書之用，在體會省察而明得一點道理，而要在實踐中檢驗，使得這一點道

理，真覺得與自己的本心相應，無異於從自己心中流出；這樣一點一滴地積累，才可能到達「精粗表裏，融會貫通，而無一理之不盡矣」（《語類》卷九，學三）的境界。

徐氏有個比喻，朱子思想中的心與理的關係，心就如一個管家，雖管著理，卻像是管著別人家的東西。也即是說，理不歸心，而歸外頭的什麼，譬如書本子，這麼說亦容易引起誤解。因為「性即理」，在朱子看來，盡心就是盡理，所以他注孟子盡心章，一下就轉到理上面去，「人有是心，莫非全體，然不窮理，則有所蔽而無以盡乎此心之量。」他把盡心理解為量化的過程，而把盡心知性與對學問的追求聯繫一起了：「知性則物格之謂，盡心則知至之謂也」；格物便是「即凡天下之物，莫不因其已知之理而益窮之，以期至乎其極」。朱子的心雖全體，卻通常不能完整顯現出來，是「被蔽的心」；其所可以表達的仁義禮智、或者說可以發出來的「四端」，是破碎不完整的，即被干擾的心並不純善。這時，心體是局部的，性是局部的；所具之理不能顯現和被覺悟，故也是局部的。窮理以解心之所蔽，讓一顆「有所蔽」的心，得以盡「此心之量」，「事物之表裏精粗無不到，而吾心之全體大用無不明」，遂為學者之根本宗旨。朱陸兩家，都是要解放此理。朱子的心有已發未發的糾葛，心不是全體是理，所以要說「盡乎此心之量」，盡心之後才能說心即理；象山「占」詹阜民的眸子而說「此理已顯」；便都是說的理在內心的呈現。在這終極點上，兩家並無不同。依朱子的意見，如果未見到理與我心本來無二，那還不算盡了朱學。所以徐氏認為朱子在事物上求理，是

「成就一種知識」（頁36-7），但朱子的著眼點，實在是一旦貫通後的心體認識。

至於格物到何種地步才能實現一旦豁然貫通，那屬於另一問題；而在這一點上，朱子恰恰是不確定的。我們觀察下面兩段話，自可明白。大學格物補傳說：「是以大學始教，必使學者即凡天下之物，莫不因其已知之理而益窮之，以求至乎其極。至於用力之久，而一旦豁然貫通焉，則眾物之表裡精粗無不到，而吾心之全體大用無不明矣。此謂物格，此謂知之至也」。但朱子「又曰：『自一身之中以至萬物之理，理會得多，自當豁然有箇覺處。』今人務博者，卻要盡窮天下之理；務約者又謂反身而誠，則天下之物無不在我，此皆不是。且如一百件事，理會得五六十件了，這三四十件雖未理會，也大概可曉了」（《語類》卷一百一十七）。這樣寬泛的尺度，在朱子，亦自有其前後的脈絡在。[9]

## 五、朱陸異同：儒家工夫

朱子注《論語》「孝弟也者，其為仁之本與」道：「為仁，猶曰行仁」。這本是程伊川的解釋，集注引伊川語：「謂

---

[9] 這一方面有朱子自身思想的演變，另一方面也是程門習義。伊川謂：「凡一物上有一理，須是窮致其理」；又謂：「所務於窮理者，非道盡窮了天下萬物之理，又不道是窮得一理便到，只要積纍多，後自然見去。」（《遺書》卷十八）

之行仁之本則可，謂是仁之本則不可。蓋仁是性也，孝弟是用也」。這是說，「孝弟」與「惻隱、羞惡、辭讓（即恭敬）、是非」，同處於「情」的層次，並沒有呈現出心的本質來；或者說，之所以有孝弟與四端，乃因為背後還有其理；這理便是「仁、義、禮、智」。伊川曾舉例說：「惻隱固是愛也，愛自是情，仁自是性，豈可專以愛為仁？」（《遺書》卷十八）所以說，「仁為心之理」，性即理，故「性中只有仁義禮智四者、幾曾有孝弟來？」

《宋元學案・伊川學案》引黃梨洲的話：「蓋以孝弟屬心，心之上一層方纔是性，有性而後有情，故以孝弟為行仁之本，不可為仁之本。」說性在心的上一層，這還勉強可以（按，朱子在學案《中和說三》，即《文集》卷三十二《答張敬夫》第三書之後，便「以心為主」涵蓋已發未發，說性並不能離開心，而說「心之上一層」，容易被理解為性在心之外），但說「有性而後有情」，則程朱均未作此說（按，伊川謂：「有性便有情」，是共生的關係）。梨洲再加以總結道：「愚以為心外無性，氣外無理。……蓋因惻隱、羞惡、恭敬、是非**而後見**其為仁義禮智，非是先有仁義禮智**而後發**之為惻隱、羞惡、恭敬、是非也。人無此心，則性種斷滅矣。是故理生氣之說，其弊必至於語言道斷，心行路絕而後已。」梨洲不贊成仁生孝弟說，而主張由孝弟見仁；即是主張由已發見未發。但梨洲對此似持論未堅，其在《明儒學案・姚江學案》中謂：「彼在發用處求良知者，認已發作未發，教人在致知上著力，是指月者不指天上之月，而指地上之光，愈求愈遠矣。」於此似指出一個未發工夫了。不過，朱子並不盡於

從已發求未發，亦謂「比觀舊說，卻覺無甚綱領，因復體察，見得此理須以心為主而論之，則性情之德，中和之妙，皆有條而不紊。……未發之前，是敬也，固已主乎存養之實；已發之際，是敬也，又常行乎省察之間。」此與梨洲後一條議論卻相合。然而，梨洲《學案》中所提性與情、已發與未發之關係，實直提儒家工夫之關鍵點，與朱、陸兩家皆關係甚大，須有進一步的說明。

　　應該承認，朱、陸兩家，對於儒家的靜坐工夫是一致肯定的，可以歸結為三點：1、都接受靜坐的方式；2、都把靜坐看成培養性格沉靜面的方法；3、都把靜坐用以培養自我反省的心理慣性。從觀念和方法說，儒家相承自孟子「求放心」，到宋儒周濂溪「主靜」、明道的「敬而不失」、伊川見人靜坐便歎其善學、朱子的「且收斂在此」、象山的「常閉目亦佳」；以至明儒陳白沙的「從靜坐中養出個端倪來」、陽明的「教之靜坐息思慮」，等等皆是。我們且看一段話：「禪的修行，為什麼稱為頓悟？所使用的方法就是『頓』，不是要人從觀念上來分析、辯論、思考。一般人對於許多問題，可能會問理由、原因，進行分析，然後做結論，是合理或者不合理，能解決或不能解決；一般的知識系統，都是用這種方法。而**禪修是當下就在用方法，其他的不管它**；這樣好像沒有解決問題，但是如果隨時隨地能夠用方法，這些問題就會徹底解決，**不論是否有理**，至少煩惱沒有了。」（《聖嚴法師教默照禪》，法鼓文化事業公司，2004 年版，頁 128）禪家的修行，只用方法不用思考；而儒家，方法以外必須思考，要有一個理在，此是儒、釋工夫的大

不同所在。朱子所說的「如過危木橋子，相去只在毫髮之間，才失腳便跌下去」，應該放在這等處來理解。所以對儒家而言，靜坐只是前一節工夫，靜坐不能只落得個「虛明寂定」（李中孚語）；於是，無事與有事、靜與動的轉換點、交接點，便成了很大的問題。《中庸》的「喜怒哀樂之未發謂之中，發而皆中節謂之和」這一章，自唐李翱始，成為了儒家所公認的對於工夫的指點。但是因為個人的理論和實踐基礎不同，對《中庸》這段話的理解會有很大的出入，於是在儒家各系統的傳承中都形成了「不說破」的格局。（實際上也不宜說破，一是因為各人的工夫歷程不同，二是說破了就容易淪為一段說話。）

　　朱子對已發未發的探索，承自李延平。到乾道二年丙戌三十七歲時，朱子〈與何京叔書〉說：「李先生教人，大抵令於靜中體認大本未發時氣象分明，即處事應物自然中節。此乃龜山門下相傳指訣。然當時親炙之時，貪聽講論，又方竊好章句訓詁之習，不得盡心於此，至今若存若亡，無一的實見處，辜負教育之意。每一念此，未嘗不愧汗沾衣也。」朱子所謂「辜負」，在《中和說一》中進行了反思：初以為未發是不與事物相接，但「嘗試以此求之，則泯然無覺之中，邪暗鬱塞，似非虛明應物之體，而幾微之際，一有覺焉，則又便為已發，而非寂然之謂，蓋愈求而愈不可見」。這一條路沒有走通，於是「退而驗之日用之間」，就是從已發來反求未發，「則凡感之而通，觸之而覺，蓋有渾然全體，應物而不窮者，是乃天命流行、生生不息之機，雖一日之間萬起萬滅，而其寂然之本體則未嘗不寂然也」。朱子這時的看法，先認為念念不會停，沒有

知覺時，是邪暗；一有知覺卻是已發了。所以這裡朱子是被未發時不能有知覺的概念給束縛住了。劉蕺山就是批評這一點：「說得大意已是，謂不是限於一時，拘於一處，但有覺處不可便謂之已發，此覺性原自渾然，原自寂然」。朱子沒有直接解決這問題，而是從日用中的感通觸覺倒推回去，認為有個寂然本體，這就是未發氣象了。這時延平先生已去世兩年，朱子對此心得自言「恨不得奉而質諸李氏之門」。此後，朱子又有進境，認為此前所見的不過是「儱侗見得大本達道底影像，便執認以為是了」，而認識到「卻于致中和一句全不曾入思議，所以累蒙教告以求仁之意為急，而自覺殊無立腳下功夫處。……今而後，乃知浩浩大化之中，一家自一個安宅，正是自家安身立命、主宰知覺處，所以立大本、行達道之樞要」（《中和說二》）。此為劉蕺山大所讚賞：「這知覺又有個主宰處，正是天命之性，統體大本達道者。端的，端的！」已發未發問題，便轉以「致中和」為樞紐。[10]其後，朱子以心為主來論述心性工夫，使得其表述簡潔貫通完整。其在「中和說」階段的最後體驗，則可以用〈與湖南諸公論中和第一書〉中的一段話來小

---

[10] 朱子《中和說二》，評價以前的看法「無寬裕雍容之氣」，是因為沒有體悟到「自家安身立命、主宰知覺處」。知覺之上，認得有個主宰，便完成了關鍵性的內推一步。但《學案》所載不完整，在「便執認以為是了」之後，「蓋只見得」之前，中間略去如下三十七字：「卻于致中和一句全不曾入思議，所以累蒙教告以求仁之意為急，而自覺殊無立腳下功夫處」。這是個嚴重的疏忽，朱子的「立腳下功夫處」，在於「致中和」，是雙向的致中與致和，是朱子做工夫的關鍵。

結：「未發之前，不可尋覓；已發之後，不容安排。但平日莊敬涵養之功至，而無人欲之私以亂之，則其未發也，鏡明水止；而其已發也，無不中節矣。此是日用本領工夫。至於隨事省察，即物推明，亦必以是為本。而於已發之際觀之，則其具於未發之前者，固可默別。」這段話實際強調的是經由平日涵養工夫，在未接物之際，先經思慮，達到「無人欲之私」；才能在接物時「即物推明」，因為到得已發時，已經不容安排了；換句話說，在未發時已經準備好了、思慮明白了，不是待到事到臨頭才來斷是非好惡。朱子教人道：「如人靜坐，忽然一念之發，只這個便是道理，便有個是與非，邪與正。其發之正者，理也；雜而不正者，邪也。在在處處無非發見處，只要常存得，常養得耳」（《朱子語類》卷一百二十六）。參證以朱子在紹熙四年癸丑，六十四歲以後的一段話可見：「延平先生嘗言：『道理須是日中理會，夜裡卻去靜處坐地思量，方始有得。』某依此說去做，真個是不同」（《朱子語類》卷第一百四）。回觀朱子中年所述延平的話：「靜中體認大本未發時氣象分明，即處事應物自然中節」，可見朱子的工夫節目仍延續延平一系；而從「致中和」轉折，更後並「以心為主而論」，則是伊川延平一系工夫論的發展。

　　梨洲批評伊川「仁義禮智而後發之為惻隱、羞惡、恭敬、是非」，是「理生氣之說，其弊必至於**語言道斷，心行路絕**而後已」。從上面所說，見得是並不確切的。而朱子則謂：「陸子靜說『克己復禮』云，不是克去己私利欲之類，別自有箇克處，又卻**不肯說破**。某嘗代之下語云：『不過是要言語

道斷，心行路絕耳！』因言：『此是陷溺人之深坑，學者切不可不戒！』」（《朱子語類》卷第一百二十四）。同卷又記：「有一學者云，『學者須是除意見。陸子靜說顏子克己之學，非如常人克去一切忿欲利害之私，**蓋欲於意念所起處，將來克去。**」先生痛加誚責，以為：「此三字誤天下學者！自堯舜相傳至歷代聖賢書冊上並無此三字。……聖賢之學，如一條大路，甚次第分明。緣有『除意見』橫在心裏，便更不在做。如日間所行之事，想見只是不得已去做；才做，便要忘了，生怕有意見。所以目視霄漢，悠悠過日，下梢只成得箇狂妄！今只理會除意見，安知除意見之心，又非所謂意見乎？」朱子因為對「除意見」有意見，所以沒有重視象山「意念起處將來克去」的工夫，以為象山是要除去一切意見。但象山的工夫，是在意念起處，做一個辯志、義利之辨的判斷，這在前面我們已經說過。象山的工夫大概有三個入手處：一是通過靜坐、求放心把被蔽的本心之理顯現出來，這就是象山說的「顏曾從裡面出來」、「常涵養」，包括了手勢等「正其端緒」之法。二是就事上辨別義利是非，如慈湖聽扇訟、扶渡子訟事、曾充之打關節。三是「逐事逐物考究磨練」，「明物理、揣事情、論事勢」，這裡也涵蓋了讀書、講明和踐履。今可見的文獻中關於第一類的記載，寥寥可數，但在陸學中實佔有極重的份量。心性不分對於象山來說是水到渠成自然而然的事，因為象山在學問之初就已見到了「本心」，所以對學者強調「先立其大」，而很少提到靜坐一類的工夫，甚至反對單提一個敬字為工夫，而是直接從事、從意念起處落手；而這一點對「從外面入去」

的他人，卻不是容易理解和容易達到的事。象山之學本是極重
踐履的，卻被朱子說是禪，原因便在這裡。象山對此也像是有
一定的優越感，如在辯《太極圖說》的覆信中說朱子「未曾實
見太極」、說朱子所述的太極是「曾學禪宗，所得如此」。其
實朱子也看到象山「於心地工夫不為無所見」（〈答趙子欽
書〉），但說象山說話兩頭明中間暗，暗就是不說破處，所以
不說破，便是禪（《語錄》）；分明朱子對此是感到惱火的。由
此，也可見出兩家工夫路徑的不同處。

　　徐氏論朱陸兩家修養工夫之各異，在錄下了伊川學案中梨
洲的話後，認為朱子的意思，「孝弟是心的作用，心只能以此
作用去實行性上的仁義禮智之理；心與性屬兩層，孝弟與仁義
為兩事。這是他把倫理的理，也當做物理的理，而推到心的外
面去了。如此，則道德將掛空無根，有如象山所說的『揣量摸
寫』而不『實』」（頁 41）。徐氏所說，以我現在的理解，朱
子說理氣，似把倫理的理與物理的理未加區別，如他說天地塌
陷了畢竟理還在。這正如說蘋果因萬有引力掉下地，而沒有蘋
果掉下地萬有引力也自還在，這都沒有問題。但是在用在君臣
父子等倫理關係上，就不好說了，如果狹義地理解，不能說先
有君臣之理然後有君臣，畢竟人類社會對倫理之事有著多種的
理解、選擇和實踐的歷史，這是朱子的一偏。但是在心性問題
上，在已發未發問題上，朱子並未把倫理的心，當做物理的心
來認識和處理，並未把心推到心外去。有仁義之中，便有孝弟
之和，本為一貫而無內外；瞭解了上述朱子的工夫路徑應可知
其實。

# 六、堅苦入德之途轍

　　程朱一系提倡的「敬」、「持敬」，乃其工夫途轍的入手處與貫穿線，徐氏文中論及者主要有三處：

　　1、象山「斥『持敬二字乃後來杜撰』。認古今言敬，總是結合著某一對象講，如敬事，敬王，敬兄之類，『未曾有言持敬者，觀此二字，可見其不明道矣』。因為他認為僅僅說敬，只是一種精神收斂，其本身並無內容。若不先由辯志以立乎其大，則敬反可為藏奸匿忒之地。」（頁43）2、「象山承認存誠，而反對『持敬』。老實說，伊川的持敬，實在即是『主靜』，『伊川每見人靜坐，便歎其善學』。靜之中而能不昏沉，『常惺惺』，即是所謂持敬；……伊川以『主一無適』為持敬，但這也可以作為主靜的解釋，凡稍通禪者皆可瞭解。」（頁28-29）3、「由已發以求未發之中，由感物之動以求天性之靜，想以此來達到存天理而去人欲，常為程朱系統中的大事。如何下手，在伊川是『敬義夾持』，即『持敬』與『致知』。……伊川對於敬的解釋是『主一無適』，這本是一種心理狀態。為了保持此種心理狀態，於是常須收斂人身的生理活動，以使視聽言動合於禮的方法，便在程朱的工夫中佔有非常重要位置。」（頁42）關於「常須收斂人身的生理活動」，徐氏並認為：「因『制外』太過，容易使人的生命力受到束縛」。

　　象山似並不反對單用一個敬字，在《靜齋記》中便說：「自有諸己至於大而化之者，敬其本也」，後文緊接著提醒

「從事於敬者」，須在「交物之初」辨別「心之良莠」。象山只說：典籍上有「敬六德」「敬典」「敬天」，「孟子言敬王敬兄，未嘗有言持敬」。反對單說敬字者為另一人，朱子對此有辯：「近世程沙隨猶非之，以為聖賢無單獨說敬字時，只是『敬親』、『敬君』、『敬長』方著箇敬字，全不成說話！聖人說『修己以敬』，曰『敬而無失』，曰『聖敬日躋』，何嘗不單獨說來？若說有君有親有長時用敬，則無君無親無長之時，將不敬乎？」（《學案》，語要）對於象山的反對「持敬」，《宋元學案》謂：「然孟子嘗言存心，亦言持志，則陸子謂持敬為杜撰者，其說亦過。」此說甚平。象山反對言「持敬」，固然出於必有事焉的實踐精神，卻也是因為對「持敬」的誤解。程朱言「持敬」，不僅有據，更是其工夫途轍上最重要的把柄。

在程朱一系，「敬」字的提出，本是為了嚴格區別於「靜」；敬而無間斷、敬而無失，便是「持敬」。明道謂：「某寫字時甚敬，非是要字好，即此是學」；觀此一語，便知「敬」之一字，乃貫徹於明道的生命之全體，所以他「終日坐如泥塑人，然接人渾是一團和氣」，莫不是敬。伊川雖亦認為敬與致知的一貫：「入道莫如敬，未有能致知而不在敬者」，敬是貫穿於致知的；但敬與致知的側重點各有不同：「涵養須是敬，進學則在致知」。他以敬字工夫以作為入門手段，這一點特為顯明：「或曰：『先生于喜怒哀樂未發之前，下動字，下靜字？』曰：『謂之靜則可，然靜中須有物始得，這裏便難處。學者莫若且理會得敬，能敬則自知此矣。』」（《學案》，

語錄）未發是靜，但是靜中有物，這對初學者確實不好捉摸；所以伊川主張直接從敬字著手，這是因為敬中本包涵靜之意，而又心中有所主，所主者「一」：「人心不能不交感萬物，難為使之不思慮。若欲免此，惟是心有主。如何為主？敬而已矣。……所謂敬者，主一之謂敬；所謂一者，無適之謂一。且欲涵泳主一之義，不一則二三矣。至於**不敢欺，不敢慢，尚不愧於屋漏，皆是敬之事也**」（《遺書》卷十五）。這可以說是心理狀態，但決不是心理狀態一語可以涵蓋得盡的；這個「一」，已經過了多少「不敢欺」、「不敢慢」、「不愧屋漏」的是非好惡計較思慮。這與禪家只持守不思善不思惡不說理的一念一意，自相懸隔。至於朱子，當然是以敬字為工夫的，「未接物時，便有敬以主乎其中」、「**須居敬以窮理**，若不能敬，則講學又無安頓處」（徐問學案）；收其放心、靜思工夫，精神專注而提撕有物，是敬字的第一層涵義。「敬」是工夫之筋骨，致知類如血肉：「大抵敬字是徹上徹下之意，格物致知乃期間節次進步處耳」（《文集》卷四三，與林擇之）。這又是為何？正因居敬不僅僅在靜坐之中，而是動靜不離，這正是宗門矩矱。朱子說「主一」，其實踐意義尤過於伊川：「如今看聖賢千言萬語，大事小事，莫不本於敬。收拾得自家精神在此，方看得道理盡。看道理不盡，只是不曾專一。或云：主一之謂敬。敬莫只是主一？曰：『主一又是「敬」字注解。要之，事無小無大，常令自家精神思慮盡在此。遇事時如此，無事時也如此」（《語類》卷六）。無間然、無不敬，持之不懈而動靜一貫，這是敬字的第二層涵義。綜言之，主敬絕異與主

靜，持敬亦非止「靜而不昏沉」。

　　因「動容貌、整思慮」生發的敬，而引起視聽言動之收斂，這是有的。自孔子時，儒家執禮，故容止整肅，本是儒家傳統；朱子與象山本人，皆無不然。象山登山講學，規矩森然。部勒其門人也甚嚴格，如一弟子吃飯時「微交足」，亦為象山所糾正；故其弟子「容體自莊」。但當時人描述的象山子弟的形象，卻多有與象山的要求相反的。張南軒說傅子淵「論學多類揚眉瞬目之機」；朱子所見象山一系人物，仍有「舉動言論類多狂肆」（〈與象山書〉）、「高視大言」、「撐眉努眼，百怪俱出」（《文集》卷三十五，與劉子澄書）、「暴悍狂率無所不至」（〈答項平父書〉）、「才說得幾句，便無大無小，無父無兄」（《語錄》）、「不遜無禮」（《語錄》）、「狂妄兇狠，手足盡露」（〈答程正思書〉），等諸種情狀；其中或有朱子誤聽誤信的成分，但兩家門人往來頻繁，朱子是親見過的，所言絕不會只是捕風捉影。若凡事以己心為據，容易相信真理在自己手中，如果未經足夠的涵養自律，自然會傾向於缺乏收斂；就如朱子說的「實見得個道理恁地，所以不怕天不怕地，一向胡叫胡喊」（《語錄》）何況對於相當部分的人，尚且未必實見得道理。對於程朱系統，正如明道所說：「今**容貌必端，言語必正者，非是道獨善其身，要人道如何，只是天理只如此，本無私意，只是箇循理而已**」（《學案》），是學者自然而然的事。真正深入儒家工夫之內去瞭解和體察，就會知道，「動容貌、整思慮」固然引生出「敬」，反過來，一「敬」則自然「動容貌、整思慮」，不需要安排的；並非是不瞭解的人看上

去的是在擺樣子、是可有可無的細枝末節。[11]因此，規規矩矩
的容止，應該說是儒家的本色；狂狷一路，終在中行以下。而
認「收斂身心」為「制外太過」，會「束縛生命力」的說法，
尚須商議。可惜限於篇幅，這裡不能詳論。

　　朱子說的「反躬以踐其實」，便是說明白了道理後要落實
到自己身上，這是對學者的切實的要求。徐氏反復申明的知識
與道德的兩個界域，似將知識過度地推向外去了，而似與道德
大體上兩不相干。但朱子的「窮理以致其知」，因為要「反躬
以踐其實」，則此「理」指的只能是倫理，而不會是物理。朱
子的「致知」，可以包涵物理的知識，但在朱子則是從倫理上
立足來說的，這一點不容混淆。大學格物補傳所說的「至於用
力之久，而一旦豁然貫通焉，則眾物之表裡精粗無不到，而吾
心之全體大用無不明矣。此謂物格，此謂知之至也」；這個
「物」字，朱子注為：「物，猶事也」。所以「窮理以致其
知，反躬以踐其實」，說的只是完善自身的道德，這才是朱學
根本大旨。徐氏以知識與道德為不相干的兩事，故謂：「朱子

---

11　王應麟《困學紀聞》曰：「觀朱文公〈答項平甫書〉「尊德性，道問
　　學」之說，未嘗不取陸氏之所長」。但象山則全不以為然：「元晦欲去
　　兩短合兩長，然吾以為不可，既不知尊德性，焉有所謂道問學。」在論
　　及朱陸異同上，朱子往往衡論兩邊、常說陸學的可取之處、常反思歎息
　　自己的不足處，而這種情況在象山卻似乎很少見。朱陸《太極圖說》之
　　辯，象山自第二書開始對朱子多有譏評，朱子則在第二書後以「別紙」
　　結束爭論不欲再辯。朱陸之間，給我的感覺是朱子較為有氣量而溫和、
　　「珍惜人情」。

之所以能兩面照管得住,是因為在他的知性活動的後面,尚有堅強的德行在那裡提廝作主」(頁 43)。若如此說,則朱子以畢生的堅苦實踐而達至的偉大人格竟與朱學無關,而朱學之途轍亦難以成就學者之道德,這是說不通的,只看學案所列朱門主要弟子之學行可以明白。[12]並且,朱子在晚年,對於實踐的強調,對於「知識與道德」的統一,可謂堅苦入德、老而彌篤:66 歲時他說,「性命之理,只在日用間零碎去處,亦無不是,不必著意思想,但每事尋得一個是處,即是此理之實」(〈又答陳衛道〉);71 歲易簀前三日也說,「為學之要,惟在事事審求其是,決去其非,積累久之,心與理一,自然所發皆無私曲」(《年譜》)。朱子去世時,朝廷「偽學」之名未去,而言者復有「望守臣約束」之說,而會葬者仍有近千人,朱學之善於成就學者品格,夫復何疑!

徐氏總結程朱一系的工夫特點,稱其「艱苦之情,常多於樂易之意」(頁 42),朱子則「下堅苦工夫」;象山工夫的特點反之,是「由戒懼轉到和樂上的意味多」(頁 43)。但徐氏贊同朱子的工夫,他說:「**就一般人來說**,必先經過堅苦階段後所得之樂易才是真的樂易。而以堅苦為入德之門,乃能根基結實,流弊較少」(頁 44-5)。「就一般人來說」五個字很重要,象山「先復其本心」的工夫不是一般人容易把握的,而以朱子居敬窮理工夫為入手,更為切實可行而少流弊。以上所以

---

12　熊勿軒《考亭書院記》:「道學為世大禁,公與門人益務堅苦,泊如也。」

辯持敬、辯容止、辯堅苦入德者，其意正在此。

# 七、結語

今天的社會，是學說意見很多的社會，是缺乏真實價值的思潮氾濫的社會；同時，社會已經由斷文識字明理的人群為主構成，所以人們的知識足以辨別是非，亦有能力廣泛汲取各種知識。而社會的不善，反而遠多於善，這並非人們不知善之為善，只要看至少在口頭上人們還是承認善之為善，而敢於公然宣稱以惡為善的人畢竟極少。從這一點說，象山之學正為今日之所急需，人人都需要直接在意念起處來個「義利之辯」，而無從躲閃推諉甚至是花言巧語。但同時，今日之是非，尤其是大是大非，卻多所顛倒，正所謂異端邪說橫行；人們仍然嚴重缺乏傳統文化知識，尤其缺乏的是深入準確的瞭解。從這一點說，朱子之學亦為今日所急需，人們需要更有辨別力，需要有正信正念正行。尤為重要者，對於缺乏信仰的中國人的猥瑣面貌，則無論陸學朱學，皆可療救，俾使越來越多人感受到天地間自身生命力的神聖偉大、及其從容的解放！

我再竭力說，也不能及復觀先生所言之精彩於萬一，故摘引一段如下：

> 在專制政治下之社會，人對「事」之建構，常受客觀上之極大限制，而缺乏個人之主動性。於是此被解放之生命力，常不能向外儘量伸展，而只得由迴光返照，在其

> 本心之原有位置，建設一精神之王國，以安頓溶解自己
> 之生命力量；……然此並無害于道德主體性之自我完
> 成。亦即無害于人格之圓滿實現；於是宗門古德，以及
> 心學大師，雖一若無用於世；而其圓滿之人格，固為人
> 類之鉅靈慧日，照徹於利欲攘奪之陰霾世界，以顯露其
> 本心，以恢復和平之生活；則向外事業之成就，實僅為
> 心學之一面。（頁71）

　　在本文中，對程朱一系的儒家工夫途轍有粗略的勾勒。以
我現在的認識，就一般資質的人來說，儒家工夫對於儒家學者
是不應該、也不能夠回避的，更無論今日之儒學傳承若無此工
夫，絕不可能與佛老耶比肩而立，遑論爭一日之短長。朱子若
無中年苦參中和的一段實踐，在晚年就說不出「事事審求其
是」的話；象山若非早見到「吾心即宇宙」，也不能以「辯
志」為教。儒家工夫，正是安頓和釋放生命力量的基礎；這是
此篇文字所著意要指出的重點。

2014/12/10

此文第一節曾發表於《鵝湖》2015 年 2 月號

# 論「未發已發」

　　「未發已發」問題自王安石發，此後為宋儒多所討論，而成為儒家心性之學的核心問題。茲將此問題作一探討如下。

　　「未發已發」出自《中庸》第一章，其前後文緊密相關，如果僅拎出見有「未發」和「已發」之兩句，必失其解。茲錄全章於下：

> 道也者，不可須臾離也；可離，非道也。是故君子，戒慎乎其所不睹，恐懼乎其所不聞。莫見乎隱，莫顯乎微，故君子慎其獨也。喜怒哀樂之未發，謂之中；發而皆中節，謂之和。中也者，天下之大本也；和也者，天下之達道也。致中和，天地位焉，萬物育焉。

這一段，可分為三個層次：

　　「是故君子，戒慎乎其所不睹，恐懼乎其所不聞。莫見乎隱，莫顯乎微，故君子慎其獨也」，這是第一層。若依朱子，又可分為兩句：雖然耳無聞目無睹，卻須戒慎恐懼；這是未發時做的工夫，是上一句。雖在人不見、事不大的隱微之地，君子卻見得其曝露顯明，故須慎獨；這是做的已發工夫，是下一

句。不聞不睹的時候，念頭還未形成，隱隱約約；這時候心不能鬆散了，應提撕著，懷著戒慎恐懼之心。明道的「敬」，正應該從這關口轉入。君子在這裡是舉輕若重，雖然隱微，我自當放大成顯見，而加之以慎獨之力。只有自己知道的時候為什麼要放大而確定去「慎」？慎是慎個什麼？怎麼個慎法？便有經過判斷並且加以處置的標準和過程。但是在《中庸》，沒有對此清楚說明。顯然，如果戒慎恐懼原因不明，隱微者不知為何物，慎獨就無從說起。朱子認為這隱與微的，是善惡之機。他說：「涵養於喜怒哀樂未發之前，只是『戒慎乎其所不睹，恐懼乎其所不聞』，全未有一個動綻，大綱且約住執持在這裡；到慎獨處，便是發了，『莫見乎隱，莫顯乎微』，雖未大段發出，便已有一毫一分見了，便就這處分別從善去惡。」（《朱子語類》卷九十六）朱子的意見，不聞不睹之際，善惡已形，故須對念頭加以揀擇，以從善去惡。為什麼說是對念頭進行揀擇？因為在隱和微的狀態，只是意念初起的狀態，此狀態下並未與物相接觸，所謂的「人不知而己獨知」之地，而善惡之念已經「有一毫一分見了」。工夫便下在這裡：覺察善惡，當下便予以去取，當下便是非之。這就是「慎」的工夫。這一切所以能夠發生的前提，是「道也者，不可須臾離也，可離，非道也。」這片刻也不可離開的「道」，是經由不斷地從善去惡以復歸於天性的過程而得以呈現和完成的。正因為這過程應當在「君子」的生命歷程中持續地進行，所以才有「率性之謂道」。由慎獨工夫的落實，而引出了下文的「未發已發」：

　　「喜怒哀樂之未發，謂之中；發而皆中節，謂之和。中也

者，天下之大本也；和也者，天下之達道也」，這是第二層。先討論「發」。如何可謂之「發」？按通常的理解應包括在兩種情況之內：喜怒哀樂一是生於心，在心理的層面上已發；二是形於色而顯於外，此雖以生於心為基礎，但程度越出「己獨知」。這兩種「發」，都可以不必與事物相接觸，也就是可以不待接物而「發」。但是，文意之「發」，只與「和」相關，「和」卻必須有外在對象；所以「發」一定是接物的。「未發」說不上「和」，也就說不上接物；但是，卻完全可能產生喜怒哀樂的生於心、形於色。這就為在內心調整喜怒哀樂提供了下工夫的可能性。其次討論「中」。「中」的意思包涵兩方面：伊川認為是「在中」，雖然喜怒哀樂未發，但有個中在那兒，說得是未發的喜怒哀樂所處的狀態。再一個意思是「中之道」，朱子稱作是「性之體段」，指示著未發不可見的喜怒哀樂的背後，有個產生喜怒哀樂的本體。「在中」的解釋是比較容易被質疑的，因為「中」既然被《中庸》定義為「天下之大本」，若僅僅被解釋為「有那麼個東西在」，似乎也太輕描淡寫了吧。從文意來分析，「喜怒哀樂之未發，謂之中」與「發而皆中節，謂之和」，是並不相稱的。如果要相稱，接上句的應該是「喜怒哀樂之已發，謂之和」。問題就出在一個「皆」字上。未發是中，這簡單；已發是和，也簡單。可是，《中庸》的寫法卻很不簡單。因為「和」的條件是所發的喜怒哀樂全部，皆，都「中節」、都恰好，這就是非常高的要求了。這樣倒推回去，「中」勢必不能夠簡簡單單地「在那兒」，而必下夠一大段的工夫，才能滿足「皆中節，謂之和」。究竟「未

發」與「已發」之間該做什麼工夫來使之銜接相應，可惜《中庸》在這裡也沒有說清楚。從明道、伊川以下，都認為要涵養於未發。伊川說：「涵養久，則喜怒哀樂發自中節」（《二程遺書》卷十八）。從楊龜山相傳到李延平的「指訣」，則是「於靜中體認大本未發時氣象分明，即處事應物自然中節」（《宋元學案》卷三十九），也是把工夫下在「處事應物」的「已發」之前。聯繫到前述《中庸》這段第一層的文意，最順理成章的辦法，似乎就是按照朱子的意見，把工夫歸結在「慎獨」上，「未發」時也確可下工夫。但如果我們從做工夫的立場來追索，從善去惡的慎獨工夫還是會使人疑惑：人心千萬端，怎麼知道是善還是惡，判斷的依據是什麼？怎麼就準備得好以用於意念之初發？這樣一問，問題又回到了怎麼在未發時、或者已發時，切實用功。這是個大問題，宋明儒在此打轉者指不勝屈。例如朱子前後就說法不同，他有一陣說：「人自嬰兒以至於老死，雖語默動靜之不同，然其大體，莫非已發，特其未發者為未嘗發爾。」（《文集》卷七十五）；這就是說，要在已發處來用功。過了不少時日又改了看法，他說：「若必待其發而後察，察而後存，則工夫之所不至多矣。惟涵養於未發之前，則其發處自然中節者多，不中節者少」（《文集》卷四十三）；卻說不能等到已發再來做工夫，未發時就要涵養了。

　　我們知道，孟子以惻隱、羞惡、辭讓、是非之「四心」為仁義禮智之「四端」。孟子是以心善說性善，性善不可見，但可見於四端。四端是心之善，仁義禮智是性之善。善惡之辨，才是辨識揀擇的真正標準。觀未發之喜怒哀樂，實際上乃在觀

善之心、思善之性，以惻隱羞惡辭讓是非之發來決定喜怒哀樂「一絲一毫」之發的去從。這才是「慎」的工夫所可以切實著力的。「存養」便是存養善心善意善性，「涵養」便是涵養善心善意善性。工夫首先下在「未發」時，不在「已發」時。如我們上面已經說明的，「已發」一定是接物的，工夫又自不同。存養涵養之基本方法，當然是使心保持在單純寧靜、平易直接的狀態，以脫離欲望的驅動。只有這樣的時刻，善方得以真實顯現。「觀」得越透徹，涵養越深厚，發出來的喜怒哀樂便越見得「中節」，便越可以達致「和」的效果。但四心又是偏於內心活動的分數多，而偏於向外接物的分數少。《中庸》既提倡「和」之效應，便不合適以四心為說，因為四心並不是直接顯現在外的反應。而喜怒哀樂，卻正是生於心而形於外的合適的指標系統。當《中庸》成書之時，羞惡的觀念、從善去惡的觀念，似乎都應該是習見的了，所以《中庸》說到「慎獨」、「發而皆中節」，其省略的筆墨，似乎有「眾所周知」不待贅言之意（就此一偏說，似乎其成書在《孟子》之後，在此不能詳說）。因四心之發，而有喜怒哀樂之續發，經由從善去惡工夫，再調整為「中節」之喜怒哀樂而出之。這一鏈條尚有一個缺口，即從善去惡工夫在哪裡做。依「慎獨」之意，可以在未接物之前做，當然也可以在接物時做；在接物前做，便是所謂的「於未發之際涵養」，乃戒慎恐懼之功。補上缺口後的這一過程，可以附圖一表示：首先是因喜怒哀樂發而「不和」引出，經由系列工夫而歸於「和」。「已發未發」的過程，結合於「動靜」、「中和」、「接物」等幾個因素，又可以表示為

附圖二：首先是未發前涵養，孟子的「求放心」，《大學》的「知止而後有定」，《易繫》之「寂然不動」、「艮其背」，似都應該安放在這一節。其次是未發，就未接物時而言是未發，就「戒慎恐懼」之情所發而言是已發。這裡要將自然浮現的念頭，甚或我自引導的念頭，都加以辨識揀擇；其中有思；這或是非敬非禮之念的自然退避和消失，或是是非善惡觀照之下的從善去惡。更次是接事，實與事物相接；雖經過心理訓練而「中節者多，不中節者少」，但生理欲望在遇到實際問題時，時常頭出頭沒，還需要不離不棄的致力工夫，是「感而遂通」之際。究竟這幾個層次的工夫怎麼歸屬，則是可以從權的。或者僅把第一節歸於已發、第二第三節歸於未發；或者第一第二節歸於未發，僅將第三節歸於已發；都說得通，便可以說已發未發不是兩截工夫、動亦定靜亦定、體用一元顯微無間。

　　在討論「未發已發」的時候，容易忽略掉此一章的後文：「致中和，天地位焉，萬物育焉」。這個「致」字，朱子注作「推而極之」，似乎說得太緊。當然可以按朱注，從聖賢地位來看「致」，但也必須含有勉力而行的意思，達到和勉力兩層次均該，似較愜。「中和」二字，正是承前句的「中」與「和」而來，「致中和」，是「致中」與「致和」，雙向努力均涵括了。即就此而言，在理解「未發」的時候，也不能看作是靜定的、無知覺的，不能無思（未發時無思，是伊川的觀點）。「致中和」三字，特別是「致」字的重要性，較容易為人所忽略。一個明顯的例子如《宋元學案》之《晦翁學案》所載的，

朱子中和說二：「日前所見，累書所陳者，只是儱侗見得大本達道底影像，便執認以為是了。蓋只見得箇直截根源，傾湫倒海底氣象」。這一段裡，「便執認以為是了」之後，「蓋只見得」之前，中間略去至關重要的三十七字：「卻于致中和一句全不曾入思議，所以累蒙教告以求仁之意為急，而自覺殊無立腳下功夫處」（《文集》卷三十二〈答張敬夫〉第三書）。致中和是立腳下功夫處！可見後來的學者對此的忽視。朱子又說，「不能慎獨則雖事物未至固已紛綸膠擾，無復未發之時，既無以致夫所謂中，而其發必乖，又無以致夫所謂和」（《文集》卷四十三〈與林擇之〉第二十書）。朱子是將慎獨作為致中和的前提，不能慎獨，不僅說不上致中和，連未發之時都消失了。朱子對「未發已發」的探討，遂歸結以更全面的「中和」論之，同時，「致」的要求也凸顯而出：慎獨、未發、致中和，前後工夫一貫。

　　如果只看原文「未發已發」的第二層，「未發謂之中」，實容易導向一種誤解，以為自然而然是中的，不需要特定的格外的努力。若果然如此，則禪家之蹈空務虛，便與儒家工夫無異。前人的所謂「存養」，其實也容易引起這樣的誤解。惻隱羞惡辭讓是非這「四心」，既又為仁義禮智之「四端」，本是人性所固有，本當直截了當發出，而無不正當（未必是恰當，所以，距離「中節」還是大有工夫可做的）。但因為身體的欲望與時地的限隔和干擾，四端乃至喜怒哀樂，所發就未必得「中」。因此，所謂「存養」、「涵養」，一面是善於保持心的相對超脫隔離的狀態；另一方面，則是必須擴充四心，加以慎的揀擇工

夫，以使得喜怒哀樂時常處於「中之道」，以備接事時見得其「和」。以我的淺見，「致」的真實內容便在這裡。於是，從淺顯處說，是抑制物欲於適當地步，而得以顯發喜怒哀樂之本然、性之本然；往深裡說，人我、物我之限隔與顛倒亦將正其序位。「中」之所以為「天下之大本」者在此，「致中和，天地位焉，萬物育焉」者在此。

所以，將「未發已發」一節與「致中和」一節合看合參，我們容易看出「中」正是需要「致」的，「天地位焉，萬物育焉」，並不會自然達到或顯現。而且，「致中」比「致和」費思量。和的標準是中節，中節必和，恰當而和諧便是所謂中節。又因為是已發，中節與否，是容易看出、客觀並且容易衡量的。所以照理說，應該對於「致中」的問題有更多的探索、會留下更多的歷史資料，大約因為擔心混同於禪家吧，歷來探討論述這一點都很謹慎。這又是我們今天應該有足夠的心胸識見繼續加以研究體悟的。

2013-12-15
2015-4-6 修改
2015-6-24 三稿

## 附圖一、致中和示意圖

1、不和（效果）

2、喜怒哀樂發而不中節（由外觀察）

3、喜怒哀樂發而不得其當（從心而論）

4、由七情之發溯及四心之動

5、觀四心之本然：仁義禮智之性為形氣所阻

6、剝落形氣而復性：致中：不善的思維鏈的中斷

7、中：正好用功

8、四端發其本然：不接物——有思——致和：記塊的鏈的強化或新組合

9、七情發自四端之動

10、喜怒哀樂發而得當

11、喜怒哀樂發而中節：接物

12、和

## 附圖二、未發已發示意圖

| 未　發 | 已　發 | |
|---|---|---|
| 不　接　物 | | 接　物 |
| 無　思 | 有　思 | |
| 中 | 和 | |

# 由船山之說《中庸》
# 而見其工夫論之結構

　　儒家工夫論，至《中庸》而始彰。朱子《中庸章句》謂：「首明道之本原出於天而不可易，其實體備於己而不可離，次**言存養省察之要**，終言聖神功化之極」；便點明了儒家工夫論的樞紐：存養與省察。由存養而上達，至於天命、性；由省察下達，至於修道、教，乃至於治天下國家，亦無不該矣。王船山《讀四書大全說・中庸》（以下簡稱《中庸說》），因「說」《中庸》，便因《中庸》所呈示的儒家工夫論，而陳說其本人的工夫論。故船山之工夫論，於《中庸說》中特顯其集中與涵括。本文將以分析《中庸說》為主，探討船山工夫論的結構，俾有益學習和闡明先賢先儒的儒家工夫論，為好學深思力行者提供多一種進階之借鑒。

## 一、立足於「用」與「人」

　　這是船山工夫論的兩個鮮明的基本點。
　　《中庸》朱注：「子程子曰：不偏之謂中，不易之謂庸。

中者，天下之正道，庸者天下之定理」，並未合言「中庸」而
給出定義。朱子又謂：「中者，不偏不倚、無過不及之名。
庸，平常也」，也未合言中庸。朱子所說的中，兼顧了狀態與
效果；所說的庸，乃庸常意，與程子之說略同。至於中庸兩字
合說是否可以更切合「中庸」之名言，二子固未論及也。船山
則不然，他認為簡潔地說，中庸就是「言『中』之『用』」，
並認為《中庸》一書以說『用』為主：

> 曰「中庸」者，言中之用也。（《中庸說》，以下引文未另標
> 明出處者皆同此）

> 蓋所謂中庸者，天下事物之理而以措諸日用者也。

> 中庸一部書，大綱在用上說。即有言體者，亦用之體
> 也。乃至言天，亦言天之用；即言天體，亦天用之體。

　　因船山重言用，由此出發，便注重人之用，並將工夫落向
用之人。所以對《中庸》首三言，船山之見亦與朱子不同。首
三言謂：「天命之謂性，率性之謂道，修道之謂教。」朱子
注：「人物之生，因各得其所賦之理，以為健順五常之德，所
謂性也。……人物各循其性之自然，則其日用事物之間，莫不
各有當行之路，是則所謂道也。……。聖人因人物之所當行者
而品節之，以為法於天下，則謂之教」。朱子認為這三句話可
以通指人與物。依朱子說，前兩句是不錯的，第三句則甚可推

敲：若聖人教法不僅針對人，而且也針對物，那麼《中庸》之教就不能盡如朱子所說的，具有「必使道心常為一身之主，而人心每聽命焉」的作用。船山並不同意朱子意見，他認為：「若然（即指若兼人、物而言），則君子亦將于事物求中，而日用自可施行。然而有不者」；如果對物而言，那將求中於物，這顯然不行的，因為「教沿修道而設，而道則一因之性命，固不容不於一動一靜之閒，審其誠幾，靜存誠，動研幾。而反乎天則。」這是說，三言收束於「教」，但對事物，不存在「修道」、「教」，教只能對人而言。並且對於物的安頓，還是要歸結在人心上：「行乎事物而皆以洗心於密者，本吾藏密之地，天授吾以大中之用也。審乎此，則所謂性、道者，專言人而不及乎物，亦明矣」。船山結論道：「子思首發此三言之旨，直為下戒懼慎獨作緣起」，是直指向人心，欲在心上下「戒懼慎獨」的工夫。

但是，船山需要回答一些問題：「天命之謂性」，物，是否亦可謂具天命之性？若謂無，則物性之自來不可解釋。若謂有，如何界定呢？又如何可謂盡物之性？船山說：「天命之人者為人之性，天命之物者為物之性」；天命之性在物，是物之性」。在船山看來，「人之性」與「物之性」有別，不可皆以一「性」統言之。「然盡物之性者，亦但**盡吾性中皆備之物性**」，這又回歸到立足於人的立場上來，所謂盡物性，乃是從人的立場來「盡吾性中皆備之物性」。但船山這裡說的「物」，包含了「我」以外的人與物。這在初看起來比較費解，故船山於下文有迭有舉例，簡單地可歸納為船山「以我為

主，盡物之性」三原則：甲、「盡人物之性者，要亦於吾所接之人、所用之物以備道而成教者，為之知明處當，而贊天地之化育。若東海巨魚，南山玄豹，鄰穴之蟻，遠浦之蘋，雖天下至聖，亦無所庸施其功。即在父子君臣之閑，而不王不禘，親盡則祧，禮衰則去，位卑則言不及高。要於志可動氣、氣可動志者盡其誠，而非於不相及之地，為之變理。」這是「遠近相及」原則，即以我身所及之宜為準的。乙、「若馬之性則豈以不乘而遂失，牛之性豈以不耕而遂拂乎？巴豆之為下劑者，為人言也，若鼠則食之而肥矣。倘舍人而言，則又安得謂巴豆之性果以克伐而不以滋補乎？」這是「為人所用」原則，即以對人類社會的效用為取捨之準的。丙、「存養省察而即以盡吾性之中和，亦不待周普和同，求性道于貓兒狗子、黃花翠竹也」。這是「盡吾之性」原則，即以只求見人之性道為準的；因為是人之用，所以存養省察與物不能對應，而落實在自我的要求上：「使私欲不以害之，私意不以悖之，故存養省察之功起焉」。至於人、物之性在名色上的區別，船山謂：「程子所云馬率馬性，牛率牛性者，其言性為已賤。彼物不可云非性，而已殊言之為馬之性、牛之性矣，可謂命於天者有同原，而可謂性於己者無異理乎？程子於是顯用告子『生之謂性』之說，而以知覺運動為性，以馬牛皆為有道」。故如果言馬牛之性，不謂馬性牛性，而應該謂「馬之性、牛之性」。同樣地，人、物之道也不可以概言為道，船山論此，亦可歸納為三點：甲、「可云物有物之性，終不可云物有物之道，故經傳無有言物道者」，所以，「〈章句〉『人物各有當行之路』，語自有弊，

不如〈或問〉言『事物』之當。蓋言『事物』，則人所應之事、所接之物也。以物與人並言，則人行人道，而物亦行物道矣」。道乃專用於人，物則只可言物之性。乙、「今以一言蔽之曰：物直是無道。如虎狼之父子，他那有一條逕路要如此來？只是依稀見得如此。萬不得已，或可強名之曰德，如言虎狼之仁、蜂蟻之義是也。而必不可謂之道。」物之有似乎近於人之仁義者，也是因了人，而非物自有此道。丙、「若牛之耕，馬之乘，乃人所以用物之道。不成者牛馬當得如此拖犂帶鞍！倘人不使牛耕而乘之，不使馬乘而耕之，亦但是人失當然，于牛馬何與？乃至蠶之為絲，豕之充食，彼何恩於人，而捐軀以效用，為其所當然而必繇者哉？則物之有道，固人應事接物之道而已。是故道者，專以人而言也。」這是說，物因人之用而為能，亦並非物本有之道。

由上可知，船山說《中庸》之工夫論，亦即船山陳說自己的工夫論。他的工夫論，是全從「用」出發，是人之用、我之用；正應了他所說的「天下事物之理而以措諸日用者也」的「中庸」之意。另一方面，就儒家思想的立足界域來說，船山之兩語：「盡人物之性者，要亦於吾所接之人、所用之物以備道而成教者，為之知明處當，而贊天地之化育」，以及「物之有道，固人應事接物之道而已。是故道者，專以人而言也」；確可謂儒、釋大防之所在。佛家人世事、今世事、當下事不耐煩處之，而遙涉三世、三千大千世界、彌勒到兜率天五十六億六千萬年後重回人間普渡眾生。儒家立足今生今世，關注範圍自不事遼遠。熟玩船山此兩語，非獨於儒家工夫論之路向有一

確然認識，亦於儒釋之辨舉重若輕矣！

　　既然船山之重「人」，是重在了人之本性、心之本體上，即是重在人之所以為人之不二特質上，這就不是「虎狼之仁、蜂蟻之義」或者「牛之耕，馬之乘」的人物所同之「用」，所可以冒充、混同、替代的。當我們辨明了這一點，就會看出，儒家的工夫論從先秦發展到宋明理學，之所以又回歸到對於心性工夫的重視，不僅僅是因為到了宋儒的時代需要對禪學的挑戰有一個回應，同時也是因為從學理上逐漸清晰地認識到必須有對於「本體」、「心體」的探索與證悟。自來有一種說法，以為孔子「言性與天道不可得而聞」，孟子言心言性、遂起紛爭，故認為學者只須重「文章」（案，「夫子之文章可得而聞」，文章指的是言行風采）。只就《中庸》而言，上一說法只得了對「中庸」的一偏之解。《中庸》開篇二字即是「天命」，離開人生無從來講天命，離開人道亦無從來講天道；但是，人以其能近於天命，所以獨異於萬物，人生之最大目標、問學之最高宗旨，正在於發明天命。若是沒有《中庸》之「中」，「庸」便無所附麗；若是沒有一「本體」，「用」亦進退失據。因此可以說，船山之「用」與「人」的思想，非獨是其工夫論的基點，亦是宋明理學蜿蜒而來之一結穴。

## 二、存養之一：戒慎恐懼

　　朱子認為：「《中庸》之書難看。中間說鬼說神，都無理會。學者須是見得箇道理了，方可看此書，將來印證。」朱子

的意思是，學者有一定儒家工夫的基礎與體驗後，才合適讀《中庸》。所以他的注，力求平穩、面面皆到，但對於初學者，不得一曲而入，確實用不上力的居多。對於特別注重實用性的船山來說，對朱子意見的看法，自會有所不同。

　　《中庸》：「道也者，不可須臾離也，可離非道也。是故君子戒慎乎其所不睹，恐懼乎其所不聞。」船山首先界定不睹不聞是處在何種狀態，才能說得上「是故」而「戒慎恐懼」。他認為，在與事物相接的情況下：「夫事物之交於吾者，或有睹而不聞者矣，或有聞而不睹者矣，且非必有一刻焉為睹聞兩不至之地，而又豈目之概無所睹，耳之概無所聞之謂哉？」一旦與物交接，睹或聞必占其一，所以，不睹不聞乃處於不交於物之狀態下；而且又應排除另兩種情況：「非定有一事之待睹待聞而歇之須臾（不是事已臨頭而閉目塞聽來做工夫），亦非一有所睹遂無不睹，一有所聞遂無不聞（也不是一有所睹所聞便不得清淨做工夫），必處暗室，絕音響，而後為不睹不聞之時」。工夫要做在日常，臨事而圖急功是不可取的，則對於睹與聞，不必刻意回避。在《讀四書大全說・孟子》就說得更明白了，是「有理無事」：「不睹不聞中**只有理，原無事**也。無事而理固可思，此乃心官獨致之功」（以下引同書皆簡稱《孟子說》，並《論語說》、《大學說》）。所以，船山界定的不睹不聞乃未交於物而心可致其思。

　　於事物未交、不睹不聞之際，如何做戒慎恐懼工夫？依《中庸》原文，「道也者，不可須臾離也，可離非道也」，是說心不離道，這是學者很難理解到位、實踐到位的。朱子在

《章句》中認為，戒慎恐懼是「君子之心常存敬畏，雖不見聞，亦不敢忽，所以存天理之本然，而不使離於須臾之頃也」。戒慎恐懼工夫就是「心常存敬畏」，但是，這本身就是「存天理之本然」，或者存其敬畏進而圖存天理之本然？朱子沒有分剖下去，而取了個工穩的說法；前面我們說讀朱注在工夫上不易著手，這便是一例。在《語類》、《或問》較為寬鬆的討論中，朱子則說到「防于未然」、「塞其來路」，以這種「防」與「塞」的辦法，「存天理之本然，而不使離於須臾之頃也」。船山不認可朱子的此種工夫路徑。他認為，朱子的說法看上去似乎不錯：「君子之學，唯知吾性之所有，雖無其事而理不閑。唯先有以蔽之，則人欲遂入而道以隱。故於此力防夫人欲之蔽，如朱子所云『塞其來路』者，則蔽之者無因而生矣」。不過，這在實際上做不到：「然**理既未彰，欲亦無跡**，不得預擬一欲焉而為之堤防。斯所謂『塞其來路』者，亦非曲尋罅隙而窒之也。故此存養之功，幾疑無下手之處。」這是說，倘若不見理，則有欲也不知道是該堤防的欲，所以在船山看來，朱子說的工夫路徑本末不明。

　　船山主張的戒慎恐懼之正工在於，於無事處而有事、於不睹不聞處而有睹有聞：「乃君子之於此，則固非無其事矣。夫其所有得於天理者，不因事之未即現前而遽忘也。只恁精精采采，不昏不惰，打迸著精神，無使幾之相悖，而觀其會通，以立乎其道之可生，不有所專注流倚，以得偏而失其大中，自然天理之皆備者，撲實在腔子裡，耿然不昧，而條理咸彰」。

　　這一段話中關鍵的在這一句：「夫其所有得於天理者，不

因事之未即現前而遽忘也」。首先是要有「得於天理」，其次是事未至而理不忘；無事時之「非無其事」，就在這裡。存養就存養在這裡：「精精采采，不昏不惰，打迸著精神」，使得此「所得」，「撲實在腔子裡，耿然不昧，而條理咸彰」。

　　存養的前提與核心，就是「所有得於天理者」。卻是要問：天理從何而得？這便引出了船山的一個重要的思想：人性本善，就是人心中固有之天理。船山說：「善者，中之實體，而性者則未發之藏也」；所謂有得於天理，就是體會得善；其所存養，就是存養其善。《中庸》原文，要到了第二十章後半，才出現「善」字，見得性中之善的更詳盡之分說，要待後文。船山卻在第一章說「慎獨」便引出了「善」。雖然在說不睹不聞時未直接點出「善」，但存養的那一物在船山意中就是「善」。所謂：「靜而不睹若睹其善，不聞若聞其善；動而審其善之或流，則恒善矣」（《思問錄》）。船山特別讚賞李延平性善說的「深切著明」，當我們看到他說：「若延平終日危坐以體驗之，亦其用力之際，專心致志，以求吾所性之善」，就會知道，正是船山與延平在體認此一段工夫上的深相契合。

## 三、省察之一：慎獨（亦稱謹獨）

　　《中庸》：「莫見乎隱，莫顯乎微，故君子慎其獨也。」
　　朱子注：「君子既常戒懼，而于此尤加謹焉，所以遏人欲於將萌，……」。朱子的意見，戒懼與慎獨是一脈相承的兩段工夫，存養是「常戒懼」，到了「人欲將萌」，就用得上「謹

獨」工夫了，所以說，到這節點上，要以「慎獨」來「加
謹」。能夠加謹，當然是因為前有戒懼工夫，但朱子並不強調
兩項獨立工夫，而是以「謹獨」來涵蓋：「《中庸》徹頭徹尾
說個謹獨工夫，即所謂敬而無失，平日涵養之意」（《文集》卷
四三，與林擇之第二十書）。顯然，朱子的慎獨，是偏重在無事時
涵養一邊的。

　　船山同意朱子「加謹」的說法，但是更強調戒懼與慎獨之
間的有事無事之分、動靜之分：「唯戒慎恐懼於不睹不聞，而
後隱者知其見，微者知其顯，故章句云『君子既常戒懼』」；
這說的是靜態，是未接事時先有戒慎恐懼的存養。又一是動
態，是接事之際動而弗失的省察：「方動之際，耳目乘權，而
物欲交引，則毫釐未克，而人欲滋長，以卒勝夫天理，乃或雖
明知之，猶復為之，故于此尤致其慎焉，然後**不欺其素**，而存
養者乃以向於動而弗失也」。什麼叫「不欺其素」呢？船山
說：「唯嘗從事於存養者，則**心已習於善**，而一念之發為
善，則善中之條理以動天下而有餘者，人不知而己知之矣。心
習於善，而惡非其所素有，則惡之叛善而去，其相差之遠，吉
凶得失之相為懸絕者，其所自生與其所必至，人不知而己知之
矣。」因為前有存養工夫所得的功效，「心已習於善」，已有
得于天理；所以在「耳目乘權，物欲交引」之際，善能夠顯現
做主，從而惡念無從干擾，所以得以「不欺其素」。慎獨是為
別一段工夫，其由靜入動，「存養者乃以向於動而弗失也」。

　　物欲交引、意念一動的時候，隱微之際，心裡究竟幾分善
幾分惡，別人不知道，卻騙不了自己，所以是「莫見乎隱，莫

顯乎微」：「蓋凡人起念之時，閑向於善，亦乘俄頃偶至之聰明，如隔霧看花，而不能知其善之所著。若其向於惡也，則方貿貿然求以逐其欲者，且據為應得之理，而或亦幸陰謀之密成，而不至於氾濫。又其下焉者，則安其危，利其災，樂其所以亡，乃至昭然於人之耳目，而己猶不知其所自起。則床第階庭之外，已漠然如夢，而安所得獨知之地，知隱之莫見，微之莫顯也哉？」這時候要用慎獨工夫，來呈現存養，而其存養工夫如何，是立可判斷的：「未嘗有存養之功者，人所不及知之地，己固昏焉而莫辨其善惡之所終，則雖欲慎而有所不能也」。沒有存養工夫，善不能作主，便不知有慎獨、不知所以慎獨。至於船山說的，「**心習於善**，而惡非其所素有，則惡之叛善而去」，方動之際，已自無不善，似乎亦無待於慎獨，不同於我們常見的實際情形。常見的情形有兩種：一是「雖明知之，猶復為之」，心裡明知此時須用慎獨工夫，但卻做不到、不願意做；二是起念之時、臨事之際，善惡之念，頭出頭沒，慎獨二字，時有時無。所以，存養工夫需要在持續省察中檢驗；隨著慎獨的不懈，戒懼之功亦加深，才能使善常為做主。這一層，船山未續加深論，而讀朱注，「于此尤加謹焉，所以遏人欲於將萌，而不使其滋長於隱微之中，以至離道之遠也」，若輔以船山的「有得于天理」，初學者於慎獨之意當有實得焉。

　　簡單地加以小結，船山慎獨工夫有如下幾個要點：1、念之善惡，是戒慎恐懼與慎獨工夫的真實對象。2、慎獨的前提在於存養，即戒慎恐懼之所用心，在存善，以達到「心習於

善」的效果，存善即是去惡；3、於方動之際執守此善，乃慎獨之功。4、一念發動，不離存養與慎獨，此無間於動靜也。這便是第一階段的省察。

　　《中庸》和《大學》，兩篇典籍都說到「慎獨」，其中是否有異同呢？首先，從「慎獨」的工夫地位來看。《大學》誠意章（即傳第六章）兩言「故君子必慎其獨也」，一正一反：一正是君子如好好色如惡惡臭，「故君子必慎其獨，以致其誠之之功焉」；一反是小人偽善，「暫欲正其心」，「故君子欲正其心，必慎其獨」（《大學說》）。船山比較道：「中庸之言存養者，即大學之正心也；其言省察者，即大學之誠意也」，隨後便說「誠意為正心加慎之事」。「正心」與「誠意」方是《大學》之正工，而慎獨是「致其誠」的手段，「正心」加一個「慎」為「誠意」。那麼，慎獨為正心的附庸，亦為誠意之附庸，期間似並不需要有一個獨立的「慎獨」工夫。在《中庸》，如上所述，省察並不等於慎獨，是以靜態存養的善，貫徹於動態，存養與省察兩段工夫的地位都甚為獨立。所以船山說：「大學言慎獨，為正心之君子言也。中庸言慎獨，為存養之君子言也。」船山之意，《中庸》存養而慎獨，《大學》慎獨以正心[1]、[2]。其次，可以從慎獨工夫的落點進一步觀察。

---

1　再引船山兩段話，以統言正心誠意之功：「蓋心之正者，志之持也，是以知其恒存乎中，善而非惡也。心之所存，善而非惡。意之已動，或有惡焉，以陵奪其素正之心，則自欺矣。意欺心。唯誠其意者，充此心之善，以灌注乎所動之意而皆實，則吾所存之心周流滿愜而無有餒也，此之謂自謙也。意謙心。」（《大學說》）又說：「要此誠意之功，則是

《中庸》之慎獨，從客觀上說是因「見隱顯微」而必須慎獨；從主觀上說，要使「隱微」得以「見顯」，甚而「見顯」上還戴一「莫」字，無獨不成，無獨中之戒慎恐懼不成，蓋因此一番之沉澱，方能念頭一現便知。不睹不聞，是真實境；顯現隱微，是明白心。就《中庸》本文言，工夫的落點並未直接指明在「善」上；第二十章所言「不明乎善，不誠乎身」，也還隔了一層。《大學》兩言「慎獨」，是要求在「獨」的狀態下好善惡惡，好惡直接與善惡掛上鉤，所好必善，所惡必惡，以與「聖人與我心同然」之善惡相應，此為誠意的工夫，而「慎獨」在其中矣。比較《大學》與《中庸》之慎獨，《中庸》說得細膩，《大學》說得直貫要害。細膩者，講到了工夫情景；

---

將所知之理，遇著意發時撞將去，教他吃個滿懷；及將吾固正之心，吃緊通透到吾所將應底事物上，符合穿徹，教吾意便從者上面發將出來，似竹筍般始終是者個則樣。」（《大學說》）

2　船山不同意把《大學》誠意、正心之順序看死，因附論及《大學》《中庸》之「慎獨」，故摘錄如下以備查考：「不知大學工夫次第，固云「欲正其心者先誠其意」，然煞認此作先後，則又不得。且如身不修，固能令家不齊；乃不能齊其家，而過用其好惡，則亦身之不修也。況心之與意，動之與靜，相為體用，而無分於主輔，故曰「動靜無端」。故欲正其心者必誠其意，而心苟不正，則其害亦必達於意，而無所施其誠。」（《大學說》）「中庸末章，先動察而後靜存，與大學之序並行不悖。則以心之與意，互相為因，互相為用，互相為功，互相為效，可云繇誠而正而修，不可云自意而心而身也。心之為功過於身者，必以意為之傳送。」（《大學說》）「蓋省察不恒，而隨事報功；存養無期，而與身終始。故心必在意誠之後，而不言之信、不動之敬，較無惡之志而益密也。此省察先而存養後，其序亦不紊也。」（《中庸說》）

直貫要害者，以慎獨為必有而正心、誠意，直接反應出成德之好善惡惡，實是下學上達、徹裡徹外、動靜兼備的工夫境界。由以上兩點來看，《大學》之「慎獨」，比較《中庸》實進了一步，不僅僅是以「道不可離」為戒懼與慎獨的根據與內容，而是明言要以好善惡惡為誠意內容，而善惡之辨識須在先，也就呼之欲出了，在理論架構上似更為完備和成熟。

## 四、存養之二：未發之中

《中庸》：「喜怒哀樂之未發，謂之中」。

船山謂：「『喜怒哀樂之未發謂之中』，是儒者第一難透底關。」

難透之一：「中」

船山先辨別前人所理解之兩點錯誤：其一、前人認為，喜怒哀樂未發是相對於已發而言，即無偏於喜怒哀樂，所以叫做「中」。船山則認為：「乃夫人終日之閑，其值夫無可喜樂、無可哀怒之境，而因以不喜、不怒、不哀、不樂者多矣，此其皆謂之中乎？」他問，人在每日裡沒有發出喜怒哀樂的時候正多，難道那便可以叫做「中」？其二、「中」，需要參照物的比較才顯現得出，如果只是不偏不倚，何以見得其為中？船山謂：「必置一物於中庭，而後可謂之不偏於東西，不倚於楹壁。審此，則但無惡而固無善，但莫之偏而固無不偏，但莫之倚而固無不倚，必不可謂之為中，審矣」。這兩點，是針對朱注「子程子曰：不偏之謂中」來的。對程朱一系，船山認可的

是伊川的看法：「程子『在中』之說，與林擇之所云『裡面底道理』，其有實而不為戲語者，皆真知實踐之言也」。[3]根本上，船山認可的是伊川以中為體的思想。

　　喜怒哀樂既然未發，則不見其蹤跡，何須追究而指稱有這麼個「中」？船山認為「中」的意思，就是「在中」；追究這個「在中」，便是要去認識到雖未發而確有此物：「曰在中者，對在外而言也。曰裡面者，對表而言也。緣此文上云『喜怒哀樂之未發』，而非云『一念不起』，則明有一喜怒哀樂，而特未發耳。**後之所發者，皆全具於內而無缺，是故曰在中。**」這裡特別重要的是：雖然喜怒哀樂不形於外，但是卻「全具於內而無缺」，不過是未發而已；所以為喜怒哀樂者，其根苗皆已內在其中。喜怒哀樂雖未發，但也不是一念不起，是有念。與兩類無念的人相比，就知道「念」是什麼。此兩類人是「庸人」和「異端」：「庸人之放其心於物交未引之先，

---

**3**　朱子謂：「喜怒哀樂未發，如處室中，東西南北未有定向，所謂中也」（《語類》卷第六十二）。這裡是船山特針對朱子這一意見而發的，實際上，在朱子「中和新說」時期，也很強調向內工夫：「近看南軒文字，大抵都無前面一截工夫也。大抵心體通有無，該動靜；故工夫亦通有無，該動靜，方無滲漏。若必待其發而後察，察而後存，則工夫之所不至多矣」（《文集》卷四三，答林擇之第二十二書）。伊川的看法更可見下條：「喜怒哀樂之未發謂之中，只是言一個中體。既是喜怒哀樂未發，那裡有個甚麼？只可謂之中。如《乾》體便是健，及分在諸處，不可皆名健，然在其中矣。天下事事物物皆有中。『發而皆中節謂之和』，非是謂之和便不中也，言和則中在其中矣。中便是含喜怒哀樂在其中矣」（《二程遺書》卷十七，伊川先生語三）。

異端措其心於一念不起之域，其失此中也亦久矣」。不放，是收住此心而不流，庸人不能收其心，不足與言有念；不空，是不滯於無念之境，異端只是一念不起空空如也，「念」不做主。不放不空才得有念作主，才能得「中」，「中」就是特別針對儒家工夫在未接物時所呈現者而指稱的，庸人與異端皆不得此「中」。但是，《中庸》朱注明明說：「喜、怒、哀、樂，情也；其未發，則性也」。那麼，《中庸》為什麼不說「喜怒哀樂之未發之謂性」呢？朱子的說法比較簡潔：「疑未發只是**思慮**事物之未接時，於此便可見性之體段，故可謂之中而不可謂之性也」（《文集》卷四三）。這是說，未發時有思慮，即是有念，但未接於物，而因為已有思慮，就不是純而又純的性；這種「性加思」，只可說有性之「體段」，卻已不是性之原貌，故謂之中而不能謂之性。朱子在這裡有伊川以中為體的意思，卻猶豫著不太肯定。船山所說之庸人放心而無由體夫此本，異端以空為本而不知有中，所指的正是朱子的「性加思」，但船山認為這正是本體，正是《中庸》之所謂「中」。

　　難透之二：「謂之中」

　　但說「在中」，只是說未發的喜怒哀樂就在這裡，卻不是解釋了「謂之中」，所以船山還要再窮究一步。雖說庸人異端不知有「中」，但無論知與不知，「中」就在那裡，因為這是在人之天理：「中之為理，流行而無不在」。船山認為，要認得此「中」，工夫要下在體驗性中無不在的理：「蓋吾性中固有此必喜、必怒、必哀、必樂之理，以效健順五常之能，而為情之所繇生。則渾然在中者，充塞兩閑，而不僅供一節之用

也，斯以**謂之中也**」。喜怒哀樂之理為何？船山謂：「仁、
義、禮、知，亦必於喜、怒、哀、樂顯之。性中有此仁、義、
禮、知以為之本，故遇其攸當，而四情（案即喜怒哀樂）以
生」。這是說，性中的仁義禮知，是喜怒哀樂之理。當然，這
裡說的性，是天命之性；四情，是得當的四情。未發的不是
性，不是仁義禮知，因為仁義禮知無其體，並無抽象的存在，
必經由喜怒哀樂而顯。如果說，喜怒哀樂未發之時，已就在其
中，並且仁義禮知已經因其而顯；那麼，船山其實設定了一個
重要的前提，那就是，未發之時，未接物之時，仁義禮知已經
在發揮基準作用，喜怒哀樂已經在這階段開始獲得調整。不
過，雖然說「惟性生情，情以顯性」，其中仍有曲折可供討論
的：天命之性，即孟子說的「根於心」的仁義禮知，對念頭
（案，可以是不必接物的）產生是非判斷，知是知非而善其是、惡
其非；進而由好善惡惡而判斷可喜、可怒、可哀、可樂。這一
工夫過程，乃船山所論的必有之義，船山其實是以這一工夫過
程來解釋「謂之中」。

　　船山說的「念」，即是朱子的所謂「思慮」，但是「念」
的概念更為凝聚。船山把善惡之念推進在這裡，並且把「善」
作為工夫的集中點，故其盛讚李延平性善之說：「延平之自為
學與其為教，皆於未發之前，體驗所謂中者，乃其所心得而名
言之，則亦不過曰性善而已。善者，中之實體，而性者則未發
之藏也」。由仁義禮知到喜怒哀樂的轉進，形成「中之實
體」，這個實體就是「善」。未發工夫，便是存養其善，到此
一層，是存養戒懼工夫又進了一步。所謂「不昏不惰，打拼著

精神」，使得「天理之皆備者，撲實在腔子裡」，這一「謂之中」的工夫過程到此就落實為「存養其善」。到此境地，才能說：「在中則謂之中，見於外則謂之和。在中則謂之善，見於外則謂之節。乃此中者，於其**未發而早已具徹乎中節之候**，而喜、怒、哀、樂無不得之以為庸。非此，則已發者亦無從得節而中之。故中該天下之道以為之本，而要即夫人喜、怒、哀、樂四境未接，四情未見於言動聲容者而即在焉。」

「謂之中」，就是「謂之善」。要到這一步，仁義禮知之性已經由好善惡惡的念念相續而為得當的喜怒哀樂之前身，故能發皆中節。若借老子書中語，船山之此「中」、此「善」、此「體」，似可以謂之：「獨立而不改，周行而不殆，可以為天下母。吾不知其名，字之曰道，強為之名曰大」。（第二十五章）

## 五、省察之二：發而皆中節

《中庸》：「喜怒哀樂之未發，謂之中；發而皆中節，謂之和。」

船山認為，發而中節的四情，在其未發而為「中」的時候，已經調整為「善」，所以已經具備了「中節之候」，只待相應於應喜、應怒、應哀、應樂的物事出現，便自然中節，四情從而見於言、動、聲、容。在「和」與「節」的關係上，「有不中節者則不和，唯中節者斯謂之和，……其中節者即和，而非中節之中有和存，則即以和著其實也。」「和」就是

「中節」之表現，所以可以說「中節」即是「和」。所以船山認為代表著「大本」的是「節」：「節者，中之顯者也。喜怒哀樂之未發而未有節者存，則發而中者誰之節乎？豈天下之有節乎」（《思問錄》）？「節」在未發之前就已經存在了，故而船山強調接物而「迫發」之前的「功」，其所謂「功」，指的有成效的工夫；而其心目中所見之「和」，乃「節」所呈現之「效」。在「功」與「效」之間，船山認為《中庸》全書所重的是「功」而不是「效」。這一點，後文還將討論。船山把已發的工夫，應中節的要求而前推到未發，這對於從伊川到先期的朱子把「思」看作「已發」，因而無從捉摸「未發」工夫的窘境，是一個很重要的解放。他《思問錄》中又說道：「『儼若思』，於是而有思，則節無不中矣，仁之熟也」。

　　由接物的慎獨而來，中節之發亦必是接物的，雖然由存養而來的習善之心在，又於方動之際以執守此善之慎獨繼之，但到了中節之和，仍然有工夫的進境。朱注謂：「無所乖戾，故謂之和」。船山特加指點：「此等處，不可苟且讀過。朱子於此見之真，而下語斟酌，非躁心所易測也」。繼而對於「乖」與「戾」分別加以深論：「自相乖悖之謂乖，互相違戾之謂戾。凡無端之喜怒，到頭來卻沒收煞，以致樂極悲生，前倨後恭，乖也。其有喜則不能復怒，怒則不能復喜，哀樂亦爾，陷溺一偏，而極重難返，至有臨喪而歌，方享而歎者，戾也。中節則無所乖，皆中節則無所戾矣」。這一來，見得「中節」的工夫所在：喜怒哀樂要能切實對應事物，這就不僅需要知善惡、知是非，還要明辨事情究竟，才能無所乖。無所戾，是不

被喜怒哀樂中的一種情緒籠罩而失去了判斷力，以至於當喜還
延續著怒、當哀還延續著樂；這也是說四情的互不妨害、不偏
至，譬如對於事和人的偏見偏好，便是如此。做到了後一層，
才能稱得上「皆中節」。

　　喜怒哀樂發而皆中節，其中當然還有多重的節目與層次，
但第一章只提大綱於此，至其展開，則要到了第二十章才得深
入。

## 六、致中之存養方向：兩「仁」字不同

　　《中庸》：「中也者，天下之大本也；和也者，天下之達
道也。致中和，天地位焉，萬物育焉」。

　　「致中和」，是前述工夫的總結，而以「致」字，來突出
其所用工。「致中」與「致和」，是雙向的工夫，若如朱注所
說，「致中」是「自戒懼而約之，以至於至靜之中，無少偏
倚，而其守不失，則極其中而天地位矣」，這是向內靜守的；
「致和」是：「自謹獨而精之，以至於應物之處，無少差謬，
而無適不然，則極其和而萬物育矣」，這是向外應物的。第一
章以「致中和」匯綜立大本與行達道，而其節目，尚未展開。
到了第二十章，致中之存養方向以仁、義之性為根源而展開，
致和之省察方向以九經、學問思辨行為日用而展開。[4]

---

[4]　第二十章對於研究儒家工夫論的結構，地位重要。自來對於第二十章的
　　理解，特別是脈絡串講，有特別的困難，所謂「中庸難讀」，於此特為

　　上文討論船山指出的「謂之中」的工夫過程，乃仁義禮知之性為喜怒哀樂做主。但是，根於心的仁義禮知之性，是到了孟子書中才提到的，《中庸》書中「仁義禮知」實未並稱。第二十章這樣提到仁、義、禮：「修身以道，修道以仁。仁者人也，親親為大；義者宜也，尊賢為大；親親之殺，尊賢之等，禮所生也」。而在同章中又別有「知、仁、勇」的組合，所謂三達德：「知、仁、勇三者，天下之達德也」。這兩處的「仁」是否相同？這對於存養工夫所歸趨之本有重大關係，船山理所當然要加以梳理。

　　船山認為兩處之「仁」含義不同：「若仁者（案，此言仁義禮之仁），則心學之凝夫天理者也，其與三達德之仁，自不相蒙。彼（案，指三達德之仁）以當人性之德而言，故曰『天下之達德』；此（案，指仁義禮之仁）以聖賢心學之存主言，故章句云『能仁其身』。……三達德之仁言天德，此仁言聖學。亦彼以性言而此以理言也」。這是說，仁義禮之仁，**是天理，是學道之歸依**，是聖賢心學的主幹。知仁勇之仁，是人性中可以**實得的品德**。若以天人為言，則：仁義禮「是皆固然之道，而非若知仁勇，二「仁」字不同。人得受於有生之後，乘乎志氣，以為德於人，而人用之以行道者比矣」。其區別是，**仁義**

---

顯著。這是因為《中庸》本分為上下篇，且成篇於不同時期不同之手；此非本文範圍，不擬展開。有興趣的讀者可參見徐復觀先生所著《中國人性論史》第五章第十二節、十三節，臺灣商務印書館 2003 年版，頁138-150。

禮是「就在那裡」的天理，知仁勇卻需要後天經人的努力才得以體現和「得」，得了才能用於行道。前者為理、為道，後者為德、為行道、為性。《中庸》之「仁義禮」，是在「修道以仁」之下展開的，所以其「仁」之一字，有整體呈現之仁與一得之仁；仁之成德，亦有天下歸仁與一念之善之大不同。朱子注「修道以仁」，便謂：「仁者，天地生物之心，而人得以生者，所謂元者善之長也」；但其注「仁者人也」，則謂：「具此生理，自然便有惻怛慈愛之意」，已下落為人心之情；注「行五達道」之知仁勇，謂為：「知，所以知此也；仁，所以體此也；勇，所以強此也；謂之達德者，天下古今所同得之理也」，更指為行道所當具備的品格。可見朱子所見之「仁」，亦有不同，仁義禮之「仁」為性中之仁；而知仁勇之「仁」，乃公同之理。但朱子「所以體此」之仁，其實還是性中之仁，蓋所以能體「五達道」，終因性中所有，才能具備得對「君臣、父子、夫婦、昆弟、朋友」所發之情的淵源。而將兩處的「仁」字分判為性中之天理與後獲之德，卻是船山獨得之見。

　　船山卻為什麼會認為「知仁勇」之「仁」，乃「人得受於有生之後」；並且，是需要一個前提──「乘乎志氣，以為德於人」，有「志」才能獲得呢？這是出於船山對於「用」的重視，知仁勇的仁，是「人用之以行道」的，是實踐中的仁。但是性中必須有一個仁的存在、本體之仁，否則儒家的心性理論就缺少了天賦人性的淵源和人類本身走向高尚光明的基石；所以仁義禮之仁要推高向上，是天理、心學之存主，而這一仁的

存在，也為存養提供了不能自已的基礎。這樣，船山把「仁者人也，親親為大」的「親親」，很容易地解釋為與修道之仁直接掛鉤的情感，而可以統攝義與禮，成為五達道的基礎和源頭。同時，這理解起來很複雜的「心學之凝夫天理者也」之「仁」，便直接下落到了「親親」上來。這就是船山說的：「『仁』字說得來深闊，引來歸之於人，又引而歸之於『親親』，乃要歸到人道上。『親親』、『尊賢』，自然不可泯滅，與自然不顛倒之節文者，人道也；而尊親在此，等殺在此，修道修身者以此，故知人道之敏政也。中庸此處，費盡心力寫出，關生明切，諸儒全然未省」。如此，《中庸》開篇頭一句「天命之謂性」，便有了例證與呼應。船山將此仁與「天理」掛鉤，又與「人道」掛鉤，指其「皆為人道之自然，則為天理之實然」；又如《中庸》原文，將第二十章開頭部分的「人道敏政，地道敏樹」的實際人生層面之事，向內上掛於「仁」，向外下掛於「親親」。於是性中之仁，褪去了神秘的面紗，「蓋曰君子之用以修道之仁，即天道之所以立人者也。天道立人，即是人道」。「仁義禮」這一層面之「仁」解決了，「知仁勇」之「仁」還需要有與「知、勇」相同層面的內涵；《中庸》書中本有「所以行之者三」，船山說「人用之以行道」亦可謂恰當，而且也掛不上「天理」一層了。但是，知仁勇並不是後天才獲得的，船山說：「三達德之仁言天德」、「知仁勇為天性之德」，也是生命中本有的。「得受於有生之後」的意思是說，「知仁勇」並非流行之天理，而僅僅當獲得了生命之後才有呈現的機會。這呈現的機會就有待於「志

氣」，人的志氣怎麼來的，船山並未進一步說明，只在下文說
到知仁勇與「三近」的關係時，或可以將其聯繫起來。但是，
船山幾乎將「仁義禮」視為萬有引力，而將「知仁勇」視為服
從與體現萬有引力的蘋果，從而強調一個「用的性」，而不是
空靈的性，這是相當明顯的：「若夫知仁勇，則人之所用以行
道者，而非道之條理，<sub>人道有仁，而抑有義禮，是謂條理。</sub>與其本
原。仁故親親，義故尊賢，禮故等殺生焉。是其為**道之體**與**性
之用**（案，仁義禮為道之體，知仁勇為性之用），其相去不紊亦明
矣。」

　　《中庸》的「親親」，到了《孟子》，是說「人人親其
親」（〈離婁上〉），朱注謂「人人各親其親」[5]，由朱注更容易
看出，自「親親」上行，乃天性呈現，不假思索。故而《中
庸》所謂「修道」，乃是不斷地強化天性中的「仁、義」。自
「親親」下行，乃「必有事焉」，因為「親親、尊賢」，也還
是一個理，尚不是具體可遵行事。故《中庸》於「仁義禮」、
「親親尊賢」與「知仁勇」之間，還有一「五達道」；《中
庸》便說「天下之達道五，所以行之者三」。船山謂：「『親
親』以下，乃五達道事。理雖相因，而事自殊致」。更具體地
說：「若五達道之事，則『親親』為盡父子兄弟之倫，『敬大
臣』、『體群臣』、『子庶民』為盡君臣之倫，『尊賢』、
『懷諸侯』為盡朋友之倫。事各有施，效各有當」。如此，

---

5　本節所說的「仁義禮知」並稱的問題和這裡說的「親親」，其中含有的
　　假定是，《孟子》成書於《中庸》之後。

「親親」下落為日用常行的工夫，正由「知仁勇」擔綱，所以船山可以歸結「人道敏政」道：「人道有兩義，必備舉而後其可敏政之理著焉。道也，修身以道。**仁也，義也，禮也，此立人之道，人之所當修者**。猶地道之於樹，必為莖、為葉、為華、為實者也。**仁也，知也，勇也，此成乎其人之道，而人得斯道以為德者**。猶地道之於樹，有所以生莖、生葉、生華、生實者也。**道者，天與人所同也**，天所與立而人必繇之者也。**德者，己所有也**，天授之人而人用以行也。然人所得者，亦成其為條理，知以知，仁以守，勇以作。而各有其徑術，知入道，仁凝道，勇向道。故達德而亦人道也。以德行道，而所以行之者必一焉，則敏之之事也」。

由上述，船山認為「仁義禮」之仁，與「知仁勇」之仁，所不同者有三：1、前者是天理，是學道之歸依；後者是人性中可以實得的品德。2、前者為道之體，後者為性之用。3、仁義禮為立人之道，知仁勇為成乎其人之道。知兩者之不同，更進而能知兩者之所同：知仁勇乃仁義禮之所出，其大本大原一也；兩者皆是性，層級有不同。

# 七、致和之省察方向：「三心」

《中庸》隨後對於「知仁勇」作了進一步的推密與指示，謂：「好學近乎知，力行近乎仁，知恥近乎勇」。朱子認為，仁義禮都是天理，三達德又是「天下古今所同得之理也」；一是天之理，一是行之理，雖對兩者異同未作深入的辨析，但可

以直接針對「未及乎達德而求以入德」之修習者，以三個「近乎」來明確努力的事項，以期到達「知仁勇」的理的層次。船山認為既然達德才是人性所實得，知仁勇自然是人得之於天，人人都有，只是初學者並不能自然而然地辨識和呈現，而沒有「及乎」、「未及乎」的問題，不可以用階段性的成德標準來衡量；需要的只是以人人皆備、又人皆能知的「心」，來把握與並行：「知仁勇之德，或至或曲，固盡人而皆有之。特驟語人以皆有此德，則初學者且不知吾心之中何者為知，何者為仁，何者為勇，自有其德而自忘之久矣。唯是好學、力行、知恥之三心者，人則或至或曲，而莫不見端以給用，莫不有之，而亦各自知此為〔吾〕好學之心，此為吾力行之心，此為吾知恥之心也。則即此三者以求之，天德不遠，而所以修身者不患無其具矣」。換句話說，人人皆有知仁勇之德，不過初學者自己找不到，雖有卻早已忘記了；所以該通過知仁勇的發端，「好學、力行、知恥」，作為修身最直接的把柄。

「好學、力行、知恥」，在朱子稱為「三近」，船山則稱為「三心」，此一指稱的轉換非常重要，見出船山對於知仁勇三達德，又不僅僅視為限於行道的功能性之中，而尚具有性體的意味。因為人皆有知仁勇之德性，故人皆能發出「好學、力行、知恥」之心；而這「三心」，卻是「知仁勇」之發端，當應物之際，立即可以「見端給用」。進德修身在做省察工夫時，皆當發「三心」而求之。經船山這一番抉發，似乎突顯出了知仁勇同時具有的存養地位，而成為船山工夫論的結構要件和重要特點。船山把「三心」的位置擺得很突出，因他認為這

是只有人類才能具備的努力，而與朱子《章句》所說的「人、物之生，因各得其所賦之理，以為健順五常之德，所謂性也」的「性」不同。這裡又見到了船山工夫論的重要基點，即前文已有交代的「人」與「用」的基點。故其堅持此論至其晚歲而益見凝重：「知、仁、勇，人得之厚而用之也至，然禽獸亦與有之矣。禽獸之與有之者，天之道也。『好學近乎知，力行近乎仁，知恥近乎勇』，人之獨而禽獸不得與，人之道也。故知斯三者，則所以修身、治人、治天下國家以此矣」（《思問錄》）。船山之「三心」，人皆有之，且唯人能有之，而即此以修身，天德不遠，不僅修齊治平由此發軔，其為人禽根本之別，尤顯得此工夫落點之重要性與根本性。即「三心」以求致「知仁勇」之德，則修身以至於治天下國家之道燦然可見。這樣的理論結構，與孟子所主張的，「惻隱、羞惡、恭敬、是非」之「四心」，為仁義禮智之「四端」，擴充之以成德，非常相似。船山是這樣說明的：「此猶孟子言『人皆有不忍人之心』，故遇孺子入井而怵惕惻隱，心之驗於情也[1]。唯有得於知，故遇學知好；唯有得于仁，故於行能力；唯有得於勇，故可恥必知，性之驗於心也[2]。唯達德之充滿具足於中，故雖在蔽蝕，而斯三者之見端也不泯[3]。盡其心則知其性，雖在聖人，未嘗不於斯致功，而修身治物之道畢致焉[4]。舜之好問好察，亦其知之發端于好學。回之拳拳服膺，亦其仁之發端于力行。君子之至死不變，亦其勇之發端於知恥[5]。性為天德，不識不知，而合於帝則；心為思官，有發有征，而見於人事。天德遠而人用邇，涉於用而資乎氣，故謂之『三近』

<sup>(6)</sup>。」

　　由（1），船山將惻隱之心指而為「情」；但在孟子，則指為心，盡其惻隱之心則知其性中之仁，性自是惻隱之心所含蘊著的。自橫渠「心統性情」說出，則四心為已發之情愈明；但船山似只認為「心統情」而性未與焉。理論上船山還是承認性要歸之於心，否則就無可歸之，但他認為性自成體，而又更切於用。<sup>6</sup>船山又指「不忍人之心」為獨一物，而在孟子，「不忍人之心」即是「怵惕惻隱之心」，不關乎性。由此一不同，船山將仁義禮智之性，與四端之心，轉手為（1）與（2）的說法：不忍人之心因惻隱而見，是「心之驗於情」，即是說，因情現而見有此心；知仁勇之性顯現於「三心」（好學心、力行心、知恥心），是「性之驗於心」，即是說，因三心而見有此三達德之性。船山意中之心性情關係，與程朱所詮釋者，便大有不同。由於心性情的關係船山作了轉換，所以（3）與（4）便昌言，雖知仁勇會被蔽蝕而靠不住，但「三心」卻是一定可以「見端也不泯」、是人人都可以據此用功的，即此而見性。他並引孟子盡心知性之說，盡「三心」而知「知仁勇」，認為聖賢當也經由這樣的工夫途轍。由（3）與（5），如同四端之於仁義禮智，船山舉例確指「三心」為「三達德」

---

**6**　船山謂：「蓋曰『心統性情』者，自其所含之原而言之也。乃性之凝也，其形見則身也，其密藏則心也。是心雖統性，而其自為體也。則性之所生，與五官百骸並生而為之君主，常在人胸臆之中，而有為者則據之以為志。」

之發端；即：好學之心知之端也，力行之心仁之端也，知恥之心勇之端也。由（6），知仁勇屬於性，是天德，因「不識不知」而感覺比較遼遠；「三心」則切近人事，所以朱子穩當地說是「三近」。

據船山的說法，「三心」是非常現成的，任何人一旦立志「欲修身」，多少都可以好學力行知恥而資以知性進德。但是如果我們實際來體會「三心」與「四端」，船山之說是否可以成立，似須推敲。《孟子》謂：「今人乍見孺子將入于井，皆有怵惕惻隱之心」，其中的「乍見」二字，正是強調了觸目驚心、不假思索的特定情境。乍見之下，身體欲望的干擾未及顯現，所以孟子說「非所以內交于孺子之父母也，非所以要譽于鄉黨朋友也，非惡其聲而然也」。同樣地，在突現的醜惡面前，羞惡之心也不能自已地發生，如好好色如惡惡臭。比較之下，好學、力行、知恥，三者中只有知恥一項差近於羞惡的不能自已，好學與力行並不指特定情境下的心理活動。甚至不能說是「情」，不能如「四端」，特別是「四端」中的惻隱與羞惡那樣「乍見」之下的直接反應。也不同於恭敬與是非，至少一旦反躬自問而省察，即可自見，所以此工夫途轍不容易檢驗、體會，也不能有孟子所說的確然性：「凡有四端於我者，知皆擴而充之矣，若火之始然，泉之始達。苟能充之，足以保四海」（〈公孫丑上〉）。依船山說，「三心」是知仁勇的發端，要做到「好學力行知恥」，本身就需要具備相當的自覺與素養。若說即使知仁勇被「蔽蝕」，「三心」也依然能夠發端並且因盡心而見性，則初學者究竟的著力處將不知所從。況

且，知仁勇的呈現還有一個前提，即是需要有「志」：「人得受於有生之後，乘乎志氣，以為德於人」，此志又從何而來？若說「有為者則據之以為志」，有為者據性以為志，則不能排除據「知仁勇」以為志，這麼一個互為因果的命題就不知從何說起了。若說此志亦如象山之「辯志」，先辨義利，正其端緒，則船山並未指示這樣的工夫途轍。因此說，船山同時將知仁勇推向性體和性之用的位置，是有問題的。船山似乎也意識到了其中的問題，所以他又讚賞陳北溪的「忠信」之說，以為工夫的第一入手：「所以能行此知之所知、仁之所守、勇之所作於五倫九經者，忠信也，人之道也。人於知仁勇，有愚明、柔強之分，而忠信無弗具焉，人道之率於天者也」。若依此說，「三心」之行，又有賴於「忠信」。船山提供的工夫途轍，本著「用」的初衷，然而實不易入手。

但我們如果忽略其枝蔓，從工夫論的結構上來看船山這一番「自謹獨而精之」的省察工夫，則仍然可以認為，在「致中」之基礎上，接事應物之際，更以「好學力行知恥」之心行之，正是慎獨以入德，當漸臻於無適不然而極其和，而成德於知仁勇。

## 八、大本達道之一：由「誠之」而「至於善」

《中庸》第二十章的上半部分，在三個「近乎」之後，以「知斯三者，則知所以修身」為樞紐：由此而向上向內，以三達德行五達道，歸結為親親尊賢，而體悟修道之仁；由此而向

下向外，即由「三心」落實到「修身」、「治人」、「治天下國家」，並將此三項細化為「九經」。第二十章的下半部分[7]，打頭是「凡為天下國家有九經，所以行之者一也」，復述了上半部分同樣的話「凡為天下國家有九經」以為銜接，帶過「九經」後立即歸結到「所以行之者一也」，也是復述上半部分的話以為銜接。但是，兩個「所以行之者一也」似不同，朱注認為都指的是「誠」，我疑心前一個另有所指[8]，後一個指的是「明善」。原文從「獲乎上、治民、信乎朋友、順乎親、誠身、明善」，一路追下來，回到了心性基礎上，所謂「善」。我們看第二十一章的「自明誠，謂之教」，朱注謂「先明乎善，而後能實其善者」，就知道第二十章「博學、審問、慎思、明辨、篤行」以下，全是「教」，全是明善之教，

---

7　見徐復觀先生《中國人性論史》第五章。

8　我懷疑前一「所以行之者一也」，乃下文三種知「及其知一也」，同樣還有三種仁「及其仁一也」、三種勇「及其勇」一也，而最後歸結為安行利行勉行三種「及其行一也」，並未有朱注說的下本部分的「誠」的意思。可能其間有佚文，但這只能停留在猜測了。下一「所以行之者一也」，似乎指的是「明乎善」，並不是「誠」。「行之者一」由「前知」（即「豫」）引出，獲乎上、治民、信乎朋友、順乎親、誠身、明善，一路下來，明善才是歸結。其下文，「誠者不勉而中，不思而得，從容中道，聖人也。誠之者，擇善而固執之者也」，《中庸》所側重，當然不在「不勉而中，不思而得，從容中道」，而在於「擇善固執」。所謂的「行之者一」，可以是一路下來的一貫之一，更合理的似乎是「明善」。指為「誠」當然也是好的選擇，不過，朱注所說的「凡事皆欲先立乎誠」，卻說得太高，一下子要求立乎誠，不如「擇善固執」好措手。

而所以「明則誠矣」。因此說，第二十章的下半部分，教導學者以行的工夫，擇善固執而至於誠。「誠」是以工夫為基礎建立起來的觀念，誠之一字，上可以為性體成德，下可以為行事功用。誠近於仁，但仁不作動詞用，誠卻可以作動詞用，所以誠比仁在性質上更具備行動性，更有涵括力，也更少如仁那樣因有著不同層級而產生的周折。朱注：「反諸身不誠，謂反求諸身而所存所發，未能真實而無妄也。不明乎善，謂未能察于人心天命之本然，而真知至善之所在也」。於此，「誠」乃「真實而無妄」，「善」乃「人心天命之本然」；真實無妄是明善的效果，也是明善的工夫。故「誠」之一字，第二十章下半部分之後貫穿終篇，是有著巨大涵容能力的詞，這是《中庸》下半部作者對於儒家工夫理論的重大貢獻。同樣可以看出，「善」之一字，是人的本然之「性」，故《中庸》下半部工夫沒有停留在「學問思辨行」、「人一己百」等實踐的節目上，而是歸結在「本心」的工夫上。此如船山所說的：「唯學問思辨之功，則未有此事而理自可以預擇。擇之既素，則繇此而執之，可使所明者之必踐，而善以至」。至於其效用，則政刑禮樂、治國臨民皆所具見。就此來說，此一番工夫可以不依賴於第二十章的上半部分而獨立成立，而與第一章的存養省察環節很好地銜接。但是，船山沿用朱子《章句》的分章而未加以甄別，沒有考慮到《中庸》在文本上可能的上下篇問題，所以他試圖糅合《中庸》工夫為一體，即把第二十章上下部分作一套工夫來敘述，這便很費了一番氣力，《中庸》在這裡也更難讀，這是我們要注意的。

　　如前所述，船山是以「仁義禮」與「知仁勇」兩個仁字的不同而展開第二十章工夫論的結構的。到下半部分，《中庸》謂：「誠者，天之道也；誠之者，人之道也」；船山便緊扣「誠」字，展開兩個「仁」字的不同：「『誠』為仁義禮之樞，『誠之』為知仁勇之樞」，同時也盡顯出「誠」的融合力，既彰顯天道，又貫徹於人道。《中庸》謂：「誠身有道：不明乎善，不誠乎身矣」，誠之就是誠身，若是按上半部分的工夫路徑，應該是從知仁勇一路走去的，但船山不能不道：「人道誠之，而擇善固執之功起焉」，走的是下半部分的「明善」之路。所以船山要由「善」來貫穿「誠」、「心」、「性」、「仁義禮」、「知仁勇」，以期在此框架下，將幾個重要概念作個新的關聯定位。[9]船山謂：「仁義禮知，性也，有成體而莫之流行者也。**誠，心也**，無定體而行其性者也。心統性，故**誠貫四德**，而四德分一，不足以盡誠」。又謂：「性有仁義禮知。誠以行乎性之德，非性之無他可名而但以誠也。性實有其典禮，誠虛應以為會通。**性備乎善，誠依乎性。誠者天之用也**，性之通也。**性者天用之體也**，誠之所幹（案，此幹字，乃主腦之意）也。故曰『惟天下至誠，為能盡其性』。可以分誠與性為二，而相因言之。天用之體，不閑于聖人之與

---

9　船山對「善」的認識隨著生命進程而加深，其晚年在《思問錄》中說到「有善者，性之體」、「性者，善之藏」，但在《讀四書大全說》時期，在概念上似尚未如此深切著明。大體上所言之「善」，與朱子的意見相近，而指為具有喜怒哀樂的「中」之實體，而性是指未發而藏伏者，所以說：「善者，中之實體，而性者則未發之藏也」。

夫婦。無誠以為之幹，則忮害雜仁，貪昧雜義，而甚者奪之。因我所固有之大用誠，以行乎天所命我之**本體**性，充實無雜，則人欲不得以乘之，忮害等無所假託則不雜。而誠無不幹性，性無不通乎誠矣。」此兩節專論性、誠、善之性質。船山並謂：「**仁義禮是善，善者一誠之顯道也**，天之道也。**唯人為有仁義禮之必修**，在人之天道也，則亦人道也。**知仁勇，所以至於善而誠其身也**。『誠乎身』之誠，是天人合一之功效」。這是就兩個仁字與誠、善的關係來說。又說：「明一善而可以給終身之用，立一誠而不足以及他物之感。」此又專就誠與善不同的張力而言。

　　歸納上三節話，可梳理為如下幾個意思：1、仁義禮知本身是不動的，宋儒本有「未發為性，已發為情」的說法，所以張橫渠說「心統性情」，就是說心才是動的，動因在「情」字上，情動而心動。船山的不同在於認為「誠」可以「行其性」，所以說「心統性」，由於「誠」所具備的「天之用」的驅動力，仁義禮知之性的「本體」就可以動、可以彰顯了。2、善與惡，僅僅是針對人類社會而言才會發生的，船山的看法，因為仁義禮也可能在鳥獸蜂蟻中冒頭，那可當然不能稱為善；只有當此天理（性即理）下落於人，「唯人為有仁義禮之必修」，然後其善見焉。所以船山說：「性備乎善」，除了人類社會便無所謂善，除了仁義禮亦無它善。3、因為善的內容就是仁義禮知，故「誠」所彰顯的就是善。善性的不斷彰顯，也就是誠的不斷彰顯，推而至其極，「惟天下至誠，為能盡其性」，也就是說「善者一誠之顯道也」。4、「誠依乎性」，

沒有仁義禮知，「誠」的驅動作用就沒有用武之地。但是，「誠」是一種誠實的態度，當貫徹此種態度時，它便與被貫徹者融為一體，而成為主導力量，「誠無不幹性」，不使「忮害雜仁，貪昧雜義，而甚者奪之」的情形發生。5、《中庸》說善，是「不明乎善，不誠乎身矣」，以及「誠之者，擇善而固執之者也」。「明善」進而「誠身」，並以「擇善固執」為「誠之」的工夫。但船山的工夫論是要不斷地發見性中之善，並存養此善，而使心習於善；故船山的「善」即是「中」，即是本體，既是工夫的體現，也是終極的成德。故而比較地說，「善」更為根本工夫，明一善可引申及於他事，故可用之終身。此為船山工夫論的特點，也是第二十章下半部分工夫論的核心構件。6、雖然說「知仁勇」在工夫過程中的作用是，「所以至於善而誠其身也」，但是會發生疑問：既然「因我所固有之大用誠，以行乎天所命我之本體性，充實無雜，則人欲不得以乘之，忮害等無所假託則不雜」，則一誠之工夫足矣，知仁勇又何從用武哉！

　　第二十章上半部分工夫工夫中極占地位的「三心」：「好學、力行、知恥」，船山到此卻全未作安頓。稍作了安頓的是「三心」的上一層，「三達德」：「知仁勇」，但與「誠」之大用，卻又近乎異曲同工，令人頗有贅疣之惑。而且，「知仁勇」之性要由「三心」而見端，到這裡既然安頓不了三心，則三達德也無法呈現的。前面說到，上半部的工夫已經是個完整的系列。下半部本亦自成系統：由明善誠身入手，做「誠之」工夫，以「五弗措」、「人一己百，人百己千」之實功，行於

誠之之目「博學、審問、慎思、明辨、篤行」；向外而及於禮儀制度、天時水土、民信民約、尊親配天、天下平，雙向延伸為「經綸天下之大經，立天下之大本，知天地之化育」；其向內而至於「無聲無臭」之盛德極功，由「明則誠矣」，歸於性之善。從系統性來觀察，好學與博學、力行與篤行固然是沒有必要考慮為並列的或遞進的工夫，依「知仁勇」而行與依「誠之」而行，也無相容或前後的必須。所以說，第二十章的上下兩部分從工夫結構上看是很難合而為一的。

　　船山應該看到了這一點，所以他引入了陳北溪解說的「忠信」二字。船山是這麼說的：「擇善固執者，誠之之事。忠信者，所以盡其擇執之功。弗能弗措，而己百己千，則盡己以實之功也。雖愚，而于忠信則無有愚；雖柔，而于忠信則無有柔者。故曰：『十室之邑，必有如夫子者焉』。人道本於天。故而君子之學，必此為主。**三達德以此行故。**」這是說，「誠之」之實就是「擇善固執」，而要做到「擇善固執」，也即「五弗措」以下的實功，都必須依賴於貫徹「忠信」。「知仁勇」到了實功，似乎才得以發揮作用。人人莫不見端而給用的「三心」，為「忠信」所代替：「人於知仁勇，有愚明、柔強之分，而忠信無弗具焉」。「忠信」不僅僅代替了「三心」，更是與「誠」同一層級、比肩而立的概念，「自天道而言，唯命人以誠，故人性得以有其知仁勇，自人事而言，則以忠信為主，而後可以行其知仁勇之德于五達道之閑。」即：因誠而有知仁勇之性，因忠信而有知仁勇之行。不過，知仁勇之行，是行於五達道，與下半部工夫的實功之間的相關性不如五達道；

換言之，去除「知仁勇」的概念，與下半部工夫無妨礙，有「忠信」與「誠」，足矣。在下一段話裡，「忠信」的位置看得更完整：「人道惟忠信為咸具，而于用尤無不通，敏政者全在此。其見德也為知仁勇，其所至之善為仁義禮，其用之也於學、問、思、辨、行，而以博、以審、以慎、以明、以篤，則知仁勇可行焉，仁義禮可修焉，故曰『人道敏政』。朱子所云『表裡皆仁義，而無一毫不仁不義』，及云『外有事親之文，內盡愛敬之實』，皆忠信之謂，特引而未發。北溪顯天德、聖功、王道之要於二字之中，嗚呼至矣哉」！在《中庸》原文中，「忠信」唯一見於中庸二十章：「忠信重祿，所以勸士也」，並沒有如船山所發揮的內涵，也未承擔那樣的功用。船山為融匯《中庸》工夫為一統，可謂費盡心力。

## 九、大本達道之二：致中和

《中庸》：「致中和，天地位焉，萬物育焉。」

「致中和」三字，在朱子探索儒家工夫過程中甚占地位。朱子從學延平以後，依師門指訣在「未發已發」上下工夫，但是進境不大，他說：「幾微之際，一有覺焉，則又便為已發，而非寂然之謂，蓋愈求而愈不可見。於是退而驗之日用之間」（《朱文公文集》卷三十）。未發與已發，終還是兩段工夫，後來朱子找出毛病所在：「目前所見，累書所陳者，只是儱侗見得大本達道底影像，便執認以為是了，卻于致中和一句全不曾入思議，所以累蒙教告以求仁之意為急，而自覺殊無立腳下功

夫處」（同上，卷三十二）。經此一領悟，「今而後，乃知浩浩大化之中，一家自一個安宅，正是自家安身立命、主宰知覺處，所以立大本、行達道之樞要。所謂體用一原，顯微無間，乃在於此」（同上，卷三十二）。朱子把「致中和」的工夫，作為未發之中與已發之和的樞要，而收功於「體用一原，顯微無間」的融匯為一，進而以心為主腦統貫「中和之妙」：「是則心之所以寂然感通，周流貫徹，而體用未始相離者也」（同上，卷三十二）。所以，朱子在這一階段對儒家工夫的體悟，乃在對「中」與「和」的雙向下工夫，所謂「致」也！[10]所以朱子在《章句》中便以「致中和」來縐合這一段：「自戒懼而約之，以至於至靜之中，無少偏倚，而其守不失，則極其中而天地位矣。自謹獨而精之，以至於應物之處，無少差謬，而無適不然，則極其和而萬物育矣。」至於「天地位，萬物育」的意旨如何，朱注並未說明。

　　船山站在了朱子的肩上，故而他討論未發已發問題，一開始就更側重從「中和」、「致中和」的樞紐位置著眼，其工夫

---

10　《朱子語類》卷六十二有載：問：「中有二義：不偏不倚，在中之義也；無過不及，隨時取中也。無所偏倚，則無所用力矣。如呂氏之所謂『執』，楊氏之所謂『驗』、所謂『體』，是皆欲致力於不偏不倚之時，故先生于或問中辨之最詳。然而經文所謂『致中和，則天地位焉，萬物育焉』，『致』之一字，豈全無所用其力耶？」曰：「致者，推至其極之謂。凡言『致』字，皆此意。如大學之『致知』，論語『學以致其道』，是也。致其中，如射相似，有中貼者，有中垛者，有中紅心之邊暈者，皆是未致。須是到那中心，方始為致。致和亦然，更無毫釐絲忽不盡，如何便不用力得！」

次第，已經無間於顯微動靜，「和」出於「中」，「中和」乃一事，故其意見已同於「中和新說」時期的朱子。船山的思考重在「天地位焉、萬物育焉」上，這裡他有與朱子意見不同的地方。首先，他認為，朱注不用原文「焉」字而改用了「矣」字，不合乎《中庸》本意。船山謂：「**本文用兩『焉』字，是言乎其功也。章句改用兩『矣』字，則是言乎其效也。**今亦不謂聖神功化之極不足以感天地而動萬物，而考之本文，初無此意」。他認為「感天動地」之類的效果是很難說的，實際上，《中庸》書中說到「天地」都指的人事：「泛求之中庸全書，其云『配天』者，則『莫不尊親』之謂爾；其云『譬如天地』者，則『祖述』『憲章』之謂爾；其云『如神』者，則『前知』之謂爾；其云『參天地』者，則『盡人物之性』之謂爾。未嘗有所謂三辰得軌，鳳見河清也。」朱子言效，《中庸》言功，船山重功。這正是船山重「用」的精神。

　　其次，所謂天地萬物，必須是切身的天地萬物：「夫其不切於吾身者，非徒萬物，即天地亦非聖人之所有事；而不切於吾身之天地萬物，非徒孔、孟，即堯、舜亦無容越位而相求。」他舉例而言道：「至於雨暘寒燠之在天，墳埴山林之在地，其欲奠位於各得者，亦**以濟人物之用者為位。**而穹穀之山或崩，幽澗之水或湧，與夫非煙非霧之雲，如蜜如餳之露，不與於身之所資與身之所被及者，亦不勞為之變理也。」這當然是船山的一貫觀點。其心目中之「天地位，萬物育」，不帶一絲聖功神跡之神秘與玄妙，是全在人事上的：「若其為吾身所有事之天地萬物，則其位也，非但修吾德而聽其自位，聖人

固必有以位之。其位之者,則吾致中之典禮也。非但修吾德而期其自育,聖人固有以育之。其育之者,則吾致和之事業也。」所以「致中和」的工夫,應當歸結在「吾身」與「人事」上的「體用一原,顯微無間」。他說:「『爾所不知,人其舍諸!』聖賢之言,原自平實,幾曾捏目生花,說戶牖閑有天地萬物在裡面也?」於此特別警醒地說到:「若不求其實,而於影中之影、象外之象,虛立一吾身之天地萬物以仿佛其意象,而曰即此而已位育矣,則尤釋氏「自性眾生」之邪說。而云:「一曼答辣之內,四大部洲以之建立;一滴化為乳海,一粒化為須彌,一切眾生,咸得飽滿。」其幻妄不經,適足資達人之一笑而已。」

其三,「致中」尤其為工夫之核心。船山與朱子都認為天地位是致中的事,萬物育是致和的事。船山更認為,根本上說,致中便所以致和,即天地位則萬物育:「以父父、子子、夫夫、婦婦為天地位,則亦可以鳥飛於上、魚游於下為天地位矣。父、夫為天,子、婦為地,是名言配出來的。鳥屬陽,亦天也;魚屬陰,亦地也。如此,則天地之外,更有何萬物來?」他這麼說,是特別針對「天地位」而言的。人可以施功於天地萬物,但要有致中的前提,否者,天地萬物自有其規律,卻是人自身昏了而已:「不中不和者,天地未嘗不位,萬物未嘗不育,特非其位焉育焉之能有功爾。」不能致中,何談致和?專制主義便是以自己的私已,強迫人民以及於天地萬物來服從自己的意旨;若照船山看,卻是「倒懸之人,足上而首下,而後為一身之天地不位乎?」對於學者,要注意到「致中

和者，原不可以不中不和者相反勘」。[11]一反勘，便要在效驗上著眼，而失了準的。畢竟，致中和工夫非止於至善不能已，而至善之地非至誠不能至。再引一段船山第三十二章之說以為參照：「有以存之於喜怒哀樂未發之中，斯至誠之『淵淵其淵』者，涵天下萬事萬物之節於靜深之地，不但學問之事無所藉於耳目，而警覺之幾亦無所資於省察」。

2016-05-23

附記：此篇乃最後補入，未蒙潘朝陽先生寓目。

2016-11-06

---

[11] 如《朱子語類》卷六十二所載「天地位，萬物育，便是裁成輔相以左右民底工夫。若不能『致中和』，則山崩川竭者有矣，天地安得而位！胎天失所者有矣，萬物安得而育！」等類語，即是船山所謂以不中不和相反勘。

## 附　錄

# 花落花開
## ——儒家教育權的明天

## 失落的世界

　　本次的研討聚焦在「庶民社會之儒教」，是我深所認可的。這基於兩點考慮：其一，先秦儒家的民主思想並沒有得到發展，並沒有在當時或後世形成政治制度，後世的國家制度，多數似乎是對先秦儒家思想的破壞和篡改，而儒家思想所能提供的，乃是中國社會共守的價值觀。例如，「天視自我民視，天聽自我民聽」（泰誓）、「民為貴，社稷次之，君為輕」（盡心下），統治者對此是不敢公然反對的，而對於「聞誅一夫紂矣，未聞弒君也」（梁惠王下）這樣的話，也表示極大的寬容。即使在儒家持相當謹慎態度的刑法制度方面，只要看看歷代的《刑法志》，其指導思想，也不能不遵守儒家矩矱。所以，「政事」雖為儒家陳義，而秦漢以來的政治制度之思想淵源，來自於儒家者實不多。至於今日，似更無條件直接在政治施為上用力。其二，施教，所謂「學不厭、誨不倦」，乃是儒家本

份；而對於政事之操刀親割者，反於儒家立場常不能堅持，故有「為官即損德」之說。中國社會自孔子後，學統不在王官，主導學術之主流更不在王官，故後世有「學統」、「政統」之分。所謂施教、所謂學統，就中國文化和儒家傳統而言，似尤貴尤重於政治施為；其所得以存在和發展，正有賴於「庶民社會」，即民間的豐厚土壤。

當我們說「儒教」，我的理解是說的「儒家之教」。這個「教」字，也就是「修道之謂教」的「教」；按照儒家的觀念，是根據人性所固有，所謂「天命之謂性」，而施之以啟示與指導，從而規範人的基本行為使之符合「人」的本性，所謂「率性之謂道」。因此，儒家之「教」，是教育之教。按照儒家的觀念，這種「教」是應當普遍施之於社會各階層的，「自天子至於庶人，壹是皆以修身為本」。如此說來，儒家理當擁有對全社會的「教育權」，即有著對全社會施教的責任和義務。這一點，中國古代的儒家，應該說做得很成功。

那麼，儒家之教的內容是什麼？孔門四科，德行、政事、言語、文學；又說，子以四教：文、行、忠、信。如是，儒家之教，以今天的標準看，涵蓋了信仰（宗教）教育、技能教育和公民教育。宗教信仰教育，給人以精神歸屬；技能教育，使人有一技之長以謀求生存；公民教育，學習相關的社會規則以與人和平相處。健全的社會，是由健全的人構成的，健全的人，上三者缺一不可。我們今天稱讚的中國輝煌的古代文明，應該說其主體的形成是儒家教育的成果，創造這成果的古代中國人，其主體是儒家思想養育而成的。如果對於創造和支撐這

古老文明的主要精神極表唾棄和輕蔑，這在邏輯上說不通，更遑論在情感上是對於祖先的嚴重褻瀆和傷害。可惜，這種世界各民族似乎都不肯幹做的事，我們中國人在上個世紀做了；這樣做的第一個結果，就是儒家教育權的全面失守。教育權，是儒家失落的世界。

　　讓我們試觀察上個世紀中文語庫中教育與儒學、佛教、技能、公民這五者間的關聯（all the data here are from Google Books Ngram Viewer）：

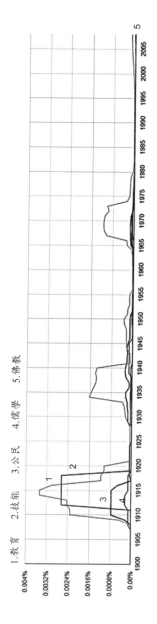

1.教育　2.技能　3.公民　4.儒學　5.佛教

　　試比較美語庫中的同類曲
線：

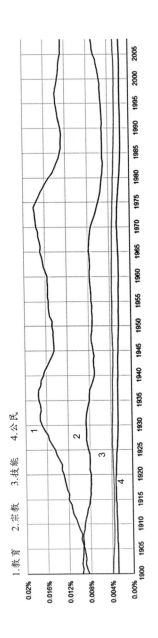

我們可以瞭解到：

1、在美語庫裡，宗教、教育、技能、公民四者的關係，自1905 年教育超越宗教的位置以來，長達一個世紀的時間裡，非常穩定；而中文世界的情況，卻是如此的散漫無章，中國人對這四者的相互關係，似乎是沒有固定的、比較一致的看法的。這正是儒家教育權失守後的整體圖像。

2、其次，在前半個世紀裡，教育與儒學、佛教、技能、公民的關聯比較強、比較活躍；在後半個世紀裡，則均較不受關注，而後四者長期處於低位。

低到了一個什麼位置呢？我們再觀察 1980 年以來的五者的狀況：

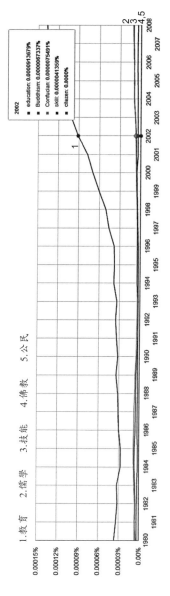

這種曲線意味著什麼？

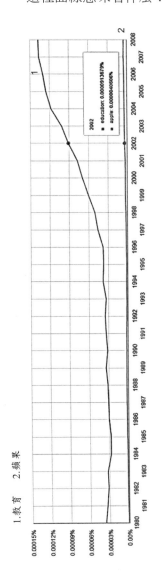

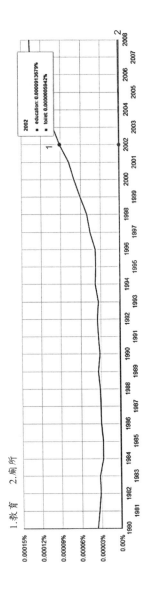

這似乎意味著，教育與儒學和宗教的關係，與教育和蘋果、乃至教育和廁所的關係差不多。這告訴我們，直到最近的今天，我們的所謂教育與儒學、與佛教，乃至於技能和公民教育，都幾乎很少相關性。這似乎是不可能的，或者說，是我們因為不願意接受而很難接受的一個結果。

所以今天我們關注儒學的發展，其實說的是重拾儒家的教育權。

## 如果我們一直還是中國人

馬丁・雅克所著《當中國統治世界》中有這樣的話：「西方主流觀點認為，只存在唯一一種實現現代性的方式，那就是走西方式的道路，包括接受西方制度、價值觀、習俗和信仰，例如法律法規、自由市場和民主規範。人們可能會補充一點，這是認為自己比他人更加先進和文明的民族和文化的典型特點：落後國家只有按照先進國家的發展道路走，才能逐步趕上。」但經過他的嚴謹的觀察和分析，他發現當年的亞洲四小龍在實現現代性之後，臺灣香港人還是臺灣香港人、新加坡人還是新加坡人，韓國人還是韓國人。因此他相信，中國人在獲得現代性之後也還會是中國人。這也是很多人不願意相信的，特別是西方人，他們估計中國的社會變革情況時一直在出錯，大約與馬丁・雅克說的西方主流觀點是有關的。

現在的問題是，我們相信中國人還會一直是中國人嗎？如果不是，會變成什麼人？但是，我是相信中國人只能一直是中

國人，如果變種了，就叫變種的中國人，是不會成為美國人、英國人的。我假定這說法能夠成立，接下來的問題是，找出、並且探討怎樣補足今天的社會缺失。我所能夠理解的所謂「儒學復興」，也是指的在社會需求的這一部分復興；不是儒學的研究者和實踐者要去復興，而是社會呼喚儒學的復興。試想，真的能夠凝聚和支持中國人精神世界的，會是基督教？佛教？道教？科學？藝術？其他的某種主義或者思想？或者捨棄了儒家精神，我們沒有別的選擇？這是歷史的選擇，如果歷史選擇了儒家（現在看來也還不一定吧），儒家準備好了嗎？譬如說，如果重新獲得了教育權，儒家學者們將要「教」些什麼？

　　顯然地，儒學似乎不能全然擔當今天的社會教育。上面說到過，宗教教育、技能教育和公民教育，是完整的社會教育必須涵蓋的三個方面。技能教育，儒學承擔的只能是很小的一部分，這是顯而易見的。公民教育，儒學可以與其他的知識系統，比如交通規則、互聯網規則等等，來共同完成。似乎，儒家的施展教化功能的選擇範圍只能落在與宗教教育相當的位置上，是信仰教育。儒學的這種功能、能量，類同於宗教教育。如若不然，我們說的儒學的復興，是復興個什麼？我們說的儒家教化，是教化個什麼？這個問題解決了，才能夠明瞭儒學的研究者和實踐者，究竟要對社會說什麼、對需求人群說什麼。下圖顯示儒學、技能、公民與信仰的關係，自 1980 年以來，儒學與信仰的關係似最為漲落相關，而技能與儒學、信仰就更接近於負相關。這可以給我們的視角一個參考。

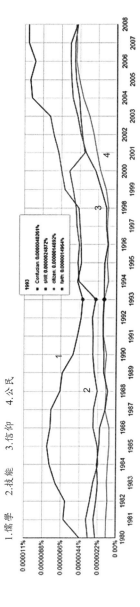

1.儒學　2.技能　3.信仰　4.公民

　　我們再看看上個世紀儒學、佛
教和信仰三者之間的關聯情況。

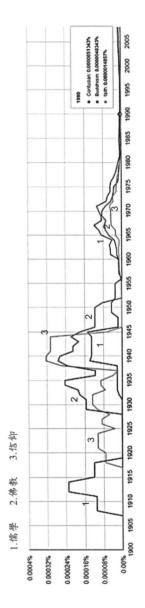

　　在 1930 到 1945 年、以及 1960 到 1980 年兩個時間段，曲線的正相關非常明顯。這與我們所瞭解的儒家具有宗教精神的歷史事實一致（大陸「文革」時期是從反面證明了這一點），也與中國歷史上宗教遠非在信仰方面獨擅勝場的事實一致。1980 年以後，三者同歸低伏，我們放大後進一步觀察：

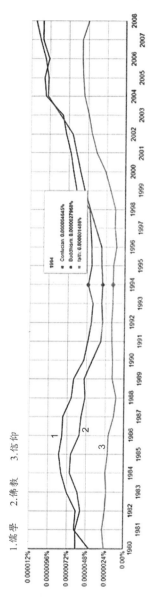

　　從 1980 到 2008 年的二十年間，三者處於比較穩定的狀態。儒學處於最高位，佛教次之，信仰隨之。2003 年以來，佛教呈現超越儒學之勢。與 2006 年後儒學、佛教的上揚狀態比較，信仰有一個令人不安的下滑。但大體說，近三十年來，似乎信仰在儒學與佛學兩大系統中有了著落。

　　這多少使我們心慰。

　　由以上，儒學的教化作用是否應該明確在為社會重建信仰上，這一點，希望有更多的學者能加以關注和討論。

## 儒家教育權的歷史和基點

　　儒家教育的歷史，從體現儒家精神的立場而言（這卻是今天所特別需要的），有兩個重要的觀察點：1、學統重於治統；2、私學重於官學。

　　在孔子之後，獨立於行政系統的「學」，不絕於世；因為學的最高境，是道德境界，是仁，而行政的最高境界往往不在仁。這根本價值取向的不同，就有所謂「學統」、「道統」獨立的說法。所以錢穆先生便說：「必使教權尊于治權，道統尊于政統，禮治尊於法治，此乃中國儒家陳義，所由為傳統文化之主幹，亦即中國傳統政制精義之所在。」（《政學私言》臺灣商務印書館，1996 年 4 月臺二版，頁 82-83）。孟子說：「故將大有為之君，必有所不召之臣。欲有謀焉，則就之。其尊德樂道，不如是不足與有為也。故湯之于伊尹，學焉而後臣之，故不勞而王；桓公之于管仲，學焉而後臣之，故不勞而霸。」（公孫丑

下）。是說君主要先當學生，而其所學並非帝王家物，不能自己辦出一套來學。所以中國古來的君王要到孔廟行「釋奠」禮，祭祀先師、先賢、先儒，表示這種「教」並不來自統治者。統治者也不該把持立教之權，因為無論「教」的內容是什麼，統治者可以方便地把權力意志外化，從而強民以必從。這是中國文化的大傳統。中國的知識分子階層，自孔子以降，歷來有獨立於政治運作的傳統，或者說有反政府的傾向。孟子說：「說大人，則藐之」（盡心下）。王船山謂：「儒者之統，與帝王之統並行於天下而互為興替。其合也，天下以道為治，道以天子而明；及其衰，而帝王之統絕，儒者猶保其道以孤行而無所待，以人存道，而道可不亡」（《讀通鑑論》卷十五）。這一段話，實見精神。但是，由於秦漢以來歷代統治者對於儒家思想的利用、防範和摧殘，法家思想與行政權力結合，不斷侵蝕腐化儒家的根本精神，這在我們今天提出繼承儒家思想的時候，是要特別加以注意研究甄別的。這是第一點，學統重於治統。

第二點要簡略從唐說起。由唐中葉韓愈以下到宋初，二百餘年時間，先則科舉制度成熟，天下所學盡趨文學，而儒學不昌，私家辦學亦不昌（《唐會要》卷三十五：開元二十一年五月敕：「許百姓任立私學，欲其寄州縣受業者亦聽。」）。開元天寶以下，《舊唐書》儒學序所不言，贊亦空疏；《新唐書》儒林篇後無贊；《唐會要》學校條下，亦空洞無物。正可見此中消息。學校則僅為從政入仕一階梯。而文學藝術的功用，其對於社會教育和社會信仰的影響，似乎在此期間，可與佛道並行。而儒家的社

會教育功能沒有衰落，其對於人生積極的指導，如孝悌忠信，基礎已經堅實。由此，一方面唐代儒學不昌（詩人中杜甫為儒、李白為道，王維為釋。依此分類，唐詩人儒家最少，文選詩中，亦最少儒家詩），但唐代士大夫立身處世，仍不失儒家軌範。

《宋史》道學傳序：「兩漢而下，儒者之論大道，察焉而弗精，語焉而弗詳，異端邪說起而乘之，幾至大壞。千有餘載，至宋中葉，周敦頤出於舂陵」。宋初的教育，全起自民間，中葉以後，私家書院和私人講學大興，與政府的太學、州縣學並行，而主導學術、引領思潮者，乃必稱私家講學之諸儒。其前，則有胡瑗、孫復。宋史志稱：「安定胡瑗設教蘇、湖間二十餘年，世方尚詞賦，湖學獨立經義治事齋，以敦實學。皇佑末，召瑗為國子監直講，數年，進天章閣侍講，猶兼學正。其初人未信服，謗議蜂起，瑗強力不倦，卒以有立。每公私試罷，掌儀率諸生會於首善，雅樂歌詩，乙夜乃散。士或不遠數千里來就師之，皆中心悅服。有司請下湖學，取其法以教太學。」私家教育的精神便不同，其宣導的影響力有如此。北宋程頤之教人：「平生誨人不倦，故學者出其門最多，淵源所漸，皆為名士。」其門人張載，教學者則「敝衣蔬食，與諸生講學，每告以知禮成性、變化氣質之道，學必如聖人而後已。……載學古力行，為關中士人宗師」；引導風俗則謂「政事以敦本善俗為先，每月吉，具酒食，召鄉人高年會縣庭，親為勸酬。使人知養老事長之義，因問民疾苦，及告所以訓戒子弟之意。」至於南宋，伊川及門楊時弟子千人，以其二傳、朱熹之師李侗為例，史傳謂：「與鄉人處，飲食言笑，終日油油

如也。其接後學，答問不倦，雖隨人淺深施教，而必自反身自得始。」。亦可觀《宋元學案》所載，有宋一代的社會教育和學術導向，實由私人講學執其牛耳。

明代鼓勵「社學」，（洪武八年，詔天下立社學。洪武十六年，詔民間立社學，有司不得干預。）所從學為鄉里民間幼童子弟，講習禮儀，亦有讀經史、兼讀御制大誥及律令（見《明會要》卷二十五）。雖對於書院的態度，朝廷從未加以支持（偶有為書院賜名，會要引李敏傳），但在地方上常由官員提倡扶持，由洪武到嘉靖十六年從游居敬論劾偽學、「毀其書院」，明朝開國已經 162 年。此仍屬個別事件，到萬曆七年（1579 年）張居正毀天下書院（實毀僅六十四處），而十五年後就有顧憲成講學東林書院。天啟五年（1625 年），魏忠賢毀天下書院，東林、關中、江右、徽州各書院皆拆毀，而明隨亡。書院所講習，經史以外，有濂、洛、朱、陸之學。自武宗朝王陽明良知之學起，書院大盛。有明一代，官學雖極完備，視私人講學，轉見得毫無精神。

清代書院極盛（總數達 3800 餘所），按近人研究，官辦書院設在城鎮地區，占書院總數一半以上。民辦書院地處廣大的農村地區，與具半官方色彩的書院又各據其半。清廷對於思潮的防範和對儒家精神的鉗制，使得有清一代儒學精神萎縮，而其真有價值的思想，無不出自民間，亦莫不由私家講學而來。

我們再行考察儒家社會教育歷史，便可以看出，之所以學統重於治統、私學重於官學，其基點就在於儒家在歷史上成功的社會教育。孔子弟子名氏可考的已有七十七人，其中事蹟見

於記載的共二十五人。孟子「後車數十乘，從者數百人」。自孔孟以降，歷代儒家的代表人物其學問道德影響力極大。除了對鄉風民俗的影響，和文學藝術所衍生的薰陶，他們對知識分子的教育，往往直接延伸至一般百姓、樵夫武夫之流。這在宋以後特為典型：張橫渠「患近世喪祭無法，期功以下未有衰麻之變，祀先之禮襲用流俗，於是一循古禮為倡，教童子以灑掃應對，女子未嫁者，使觀祭祀，納酒漿，以養遜弟、就成德。嘗曰：「事親奉祭，豈可使人為之！」於是關中風俗一變而至於古。」（《宋元學案》卷十七）《二曲集》卷九記李中孚，「不惟士友因感生奮，多所興起，即農商工賈，亦環視竊聽，精神躍勃。有農民李正，父祖三世從事白蓮教，正遵其教，戒葷酒，虔焚修者，已歷數十載。……至是有感，幾日對眾焚毀經像，飲酒開葷，幡然歸正，……。」這已是清初時了。《二曲全集》卷二十二，載有《觀感錄》，特記鹽丁一類人物而成學者九人，「錄萃古今至卑賤之人，而卒自勉勵為大豪傑大賢人之品者」。這裡限於篇幅，只選三例為說。如**王艮**，先為鹽丁；「目不知書，惟以販鹽為務，年近三十，同鄉人販鹽山東，謁孔子廟而慨然奮起」，後師從陽明，「先生於眉睫之間，省覺人最多」。再如朱光信為樵夫，「樵薪養母。一日過心齋講堂，歌曰：「離山十裡，薪在家裡，離山一裡，薪在山裡」。心齋聞之，謂門弟子曰：「小子聽之，道病不求耳，求則不難，不求無易。」樵聽心齋語，浸浸有味。於是每樵必造階下聽之，饑則向都養乞漿，解裹飯以食，聽畢則浩歌負薪而去。門弟子睹其然，轉相驚異。」又如**韓樂吾**，以陶瓦為業。

「慕朱樵而從之學，後乃卒業東崖。粗識文字。有茅屋三間，以之償債，遂處窰中，自詠曰：『三間茅屋歸新主，一片煙霞是故人。』年逾三紀未娶，東崖弟子醵金為之完姻。久之，覺有所得，遂以化俗為任，**隨機指點農工商賈，從之游者千餘。**」（引文出《二曲全集》、《明儒學案》卷三十二，泰州學案）這是明代王陽明門下三代師弟子的情形，由韓樂吾再傳，不知有多少人受到這種心靈的指點。此可再上溯到兩宋，則千年以來，儒家的社會教育乃是儒家自身必然具備的品質。

　　由此進一步拉開鏡頭，觀察儒家更為廣泛的社會基層教化活動。中國社會古有鄉約，最早是由北宋關中呂氏兄弟所擬定主持的《呂氏鄉約》。這份鄉約以鄉人自動約束的面目出現，涵蓋了自身的道德修養、個人行為、家庭關係、鄰里關係、慶吊儀禮、防災禦盜。此約一行，見稱「關中風俗為之一變」。錢穆先生對其意義有一段精彩的評述：「政治管不盡社會一切事，南北朝、隋、唐，大門第和佛寺便分別管領了這一切。到宋代，門第衰落了，社會上只有宗教團體，只有和尚寺，還在管領著社會。《呂氏鄉約》，便要把儒家精神，客觀化，具體化，普遍滲透進社會群眾之日常生活裡，來代替宗教團體之任務。」（《宋明理學概述》素書樓文教基金會，2001 年版，頁 88）鄉約的完整版，可以明末清初陸桴亭《治鄉三約》為代表。其所約者三：教約、恤約、保約；「約一鄉之眾，而相與共趨於社學，共趨於保甲，共趨於社倉也」。社學負責對鄉民之成人與兒童實行道德、禮儀教育，（文化教育則另有「義塾」，不在此約之內）；並且負責戶口和土地圖冊。社倉是農村在豐年時積穀以供凶荒

的一種民辦的實體，由朱子創始，用以解決政府主辦的設於州
縣的常平、義倉所不能及的偏遠地區的問題（《國史大綱》頁
811）。保甲屬於組織學習軍事技術，防範水火盜賊之事。保甲
自王安石創始，這種地方自治的自衛系統，為後來團練、鄉勇
的先聲。舉凡鄉約，其所貫串，則不出儒家的修身齊家、孝悌
儉讓、忠信恭遜、懲惡揚善、守望相助，等等傳統精神。

由上面簡略考察，可以瞭解到儒家的精神指向及其實際學
術、教育活動，向上則影響政治，向下則凝聚基層農村，確乎
構成中國社會千年以來的指導與安定力量。如果說，儒家的教
育權乃以儒家的社會教育為基點，並非虛言。

今天的我們還需要思考的是，儒家為什麼能夠掌握教育
權，其教育權的核心是什麼？或者換句話說，儒家憑什麼，能
夠在歷史的長河中不斷滋潤中國人的精神世界，使中國社會能
夠不以宗教之力，而有著統一的價值觀，統一的信仰？追溯到
根本點上，問題就成了：儒家以何「立教」？

## 儒家以何立教？

上面說到過「天命之謂性，率性之謂道，修道之謂教」，
儒家之教，是對於人生的根本問題，提供了從道德立場去解決
的方法。人生的根本問題，第一是生與死的問題，第二是人生
的價值問題，第三是我與群的協和問題。這些問題，在此只能
簡略地談談。

生與死的問題，即是生命的延續問題、人死後怎麼樣的問

題，是人類最大的問題，宗教之所以教人，核心便在這裡。不能面對這問題，便不能在對社會「立教」上有堅實之立足點。儒家思想認為人的生命的不朽，是人的精神在人世間的存續。叔孫豹的「三不朽」說，即「立德、立功、立言」（左襄二十四年），謂人當在生命延續的時間裡努力，以德功言三者留存於世而得到永生。稍後的孔子更說：「朝聞道，夕死可矣！」所謂「聞道」，我的理解，是覺悟到了生命的真實價值、對生命的所應有的擔當有了質變性的領悟，死無可懼，而得以站立在生命能夠到達的最高點飽覽晨曦，此後的生命就在死可含笑的滿足中度過；如此，倘若真有天堂，則生時就已經活在天堂了，何來對死亡的恐懼？這樣的思想境界，在當時自然是很難為一般的民眾、甚至孔子一般的及門弟子所瞭解的。所以孔子在行為上敬鬼神、立阼階，祭如在，種種對祭祀活動的尊重奉行，對祖先、聖賢的崇敬，實質上可以瞭解為，是對於已故前人不朽生命的認可和呼喚。特別地，孔子推崇「孝」的精神和實踐，從「有養」到「色難」到「三年無改」，是真正地把生命的延續，落到了實處，此後的中國人，都相信可以在宗祠裡找到自己的未來的位置，而對祖先的祭祀，也成為期待自己身後歸宿的生命延續的願望。有了「孝」的教化，意味著人人都有好的收場。「慎終追遠」而可以「民德歸厚」者，蓋在此。所以中國社會，很少如西方人那樣地不斷地惶恐地追問：我是誰？從哪裡來？到哪裡去？因為中國人早已解決了這些個問題，活得踏實。

　　人生的價值問題，是跟隨生死問題而來的，生死問題解決

了，人生價值的問題也得到了解決。既然生命的意義體現在死後留存於人世的價值，儒家思想便提供了人生價值的道德判斷：人應該為社會留下為社會所需要的好的東西，這好的東西，在精神層面上當然是善的，而不能是惡的。一切道德的美好、社會的正義，都源於此。孟子道性善，並且深入闡述了善的根源，也就是人生價值的根源。心善，是人人具有、人人可為的，不是「挾泰山以超北海」。孟子說：「惻隱之心，仁之端也；羞惡之心，義之端也；辭讓之心，禮之端也；是非之心，智之端也」（〈公孫丑〉上），所以，「仁義禮智根於心」（〈盡心〉上）。一旦在生命的根源之地，心，發生了體認與轉換，人生價值就紮根在自己的「心」中，人人可以追尋。所以宋儒說，每個人都是天然完全自足之物。如此，才真有人格的尊嚴，真有人的信心。人人從心裡開闢出一個內在的世界，而不依託於外在的世界，故不必向外去追求；這就是儒家主張的人生價值的內源性與普遍性。所以，以儒家的觀點，人生的價值在於為社會留下一切善，人生價值的根源在於人性之善，人性之善體現在人心具有仁義禮智之發端；人人具備，不待外求。

　　因為人生的價值是不需要外求的，不依賴外在以體現的，所以人一經自覺，而在當下世界中立定腳跟，由此而消弭人與人的衝突、化解人類社會的矛盾。「子貢問曰：有一言而可以終身行之者乎？子曰：其恕乎！己所不欲，勿施于人」（〈衛靈公〉）。《論語》此章，說到了人與群的相處之道。論語中孔子唯一認為終身奉行的一個字，就是「恕」字。說得很小，

是從一點善念引出的行為準則，仁人志士可以做到，愚夫愚婦也可以做到，反而是位高權重者不容易做到、統治者不容易做到，獨裁者更是背道而馳。只要我們肯靜心反思，就會體會到孔子這麼說的分量所在。在人的具體生命的心、性中發掘出道德的根源、人生價值的根源，而不依靠任何神秘力量，從外在的意義上說，人的行為隨時照顧到了周遭的人與事事物物，便安頓好了人與群的關係。從內在意義上說，人心之相通，即由小我之心融入了大我之心；這大我之心，又不僅僅限於當時當世的人群間，而直與數千年以來古聖先賢之心相溝通。這便是孔門「仁」的更廣闊的境界。仁的精神所以成為中國社會的內在支撐，其根本理由在於仁是同時對於立人立己、成我成物的要求。

　　說到這裡，我們立刻就可以明白，當說儒學教育、儒家「教化」的時候，我們實際上並不指的傳播知識，不是指的學科學一類的事。儒學，乃指「習儒」，本質上不指的儒家思想研究。作某種思想、思想史的研究，可以止於學術意義；如說研究儒家思想，可以局限於作外部的觀察和研究，不要求研究者遵從儒家之教去身體力行，即不要求尊奉、信仰儒家思想。但是，「習儒」，卻是要深入儒家的精神，信奉她、實踐她，人能弘道，非道弘人。儒學教育，以儒家學說教人，也即是共學共修。這樣的教育，對於教與學的要求，可以不需要廣博，但必須精到而實有體會。這才是傳統書院教育的實質，也是傳統私學特見精神的地方。徐復觀先生早年說過的一段話，我特別認可並且感觸深刻。他說：治「義理之學」，並非「指的思

想史的工作，而是探求道德的根源，及使道德如何能在一個人身上實現，以完成一個人的人格的學問。此種學問固然要讀書，讀書固然要講訓詁；但書之對於義理，只居於啟發襄助的次要地位，它不是義理的（道德的）直接地根源所在。」（〈有關思想史的若干問題〉收入《中國思想史論集》臺灣學生書局 1973 年三版，頁90）。由此我們可以感受到，為什麼我們認為今日中國沒有了傳統意義上的私家書院（見後），沒有了儒學精神。

我們今天重新闡發儒家教化傳統，強調儒家的社會教育功能，特別關注教育權的重拾，似乎便應該立足在儒家的「立教」根本，即立足於引導社會大眾學習儒家對於人生根本問題的安頓之道。這恰恰是今天我們的不足。在大陸地區，講國學的人很多、講儒學的人很少，以嚴肅的態度講儒學的人更少，信仰儒家思想的講學者少之又少。如果自己都不信不「修」，自己遇到人生的根本問題都要進廟宇教堂去，則何以立儒家之教？

## 從幾個斷面看儒家教育權的進退

1、宗教的社會教育：儒家精神的墮退、儒家官方教育系統的崩潰、儒家社會奉行基礎的瓦解，以及一段時期以來的知識分子沒有負到基本的責任，一切，都導致了今天儒家思想呼而不至的境況。與此同時，佛教對於中國社會各階層，乃至於智識分子，普遍地指導著人生、引領著人們對於生命價值的認識，由此而能漸漸掌握了社會教育權。我對於聖嚴、證嚴兩位

法師，有著由衷的欽佩。我想，以後的儒學營，也應該可以去法鼓山看看。今天有志於儒學和學儒之士，定須有學習和瞭解佛學的態度和行為，才能感受到佛教之所以有著指導人生的強大力量，而可以配合於儒家修習、濟世、終極理想的實現。儒學與佛學，對於解決人生的根本問題，實各有所長，亦各有所短。舉一個小例子：錢穆有一段話「惠能講佛法，既是一本心性，又不摒棄世俗，只求心性塵埃不惹，又何礙在人生俗務上再講些孝悌仁義齊家治國。」（《中國思想史論叢》卷四，安徽教育出版社，2004 年版，頁 138-9）此言實大堪品味。因此今日的儒學教育，似乎應該認認真真地探求儒家的心性修養工夫，從而更有益於發揮儒家之長。

2、書院：今日大陸，已經沒有了傳統意義上的私家書院。舊存恢復的書院，著名者如白鹿洞書院、嶽麓書院，似乎旅遊的功能大於學術功能，書院諸沿革的研究大於書院精神的研究，對其獨立精神的繼承和闡發尤為所缺失。新辦的書院，例如 1984 年設立的中國文化書院，發起人和導師名單皆甚炫目，而其宗旨「中國文化書院的宗旨是：通過對中國傳統文化的研究和教學活動，繼承和闡揚中國的優秀文化遺產；通過對海外文化的介紹、研究以及國際性學術交流活動，提高對中國傳統文化的研究水準，並促進中國文化的現代化」，亦甚泛泛，看似包羅萬象，實則精神不彰；從其網站看，本世紀以來似乎很少活動。至於以書院之形式為依託，組織文化學術活動，或僅能提供場所，其自身並無學術人士和講學研究力量的，更為普遍，例如我們廈門的筼簹書院，其實是官辦的，硬

體很好，起著組織有關活動的作用。由上文對於歷史現象的觀察，中國仍然需要私學，中國也許處於漫長的歷史中特別需要私學的時期。

這麼說如果成立的話，中國書院的未來，當在於如下要素的組合：甲、堅持不以盈利為目的的民辦傳統。乙、有著特立獨行的宗旨和凝聚力。丙、擁有相應的師資力量。丁、具備組織中短期培訓、講會的能力。

這麼說，僅對大陸的書院而言。臺灣地區的書院，在我看來，比大陸書院早走了二十年。以前的粗淺瞭解，如日月書院、華山書院等等，都讓我印象深刻，雖不能至，心嚮往之，心嚮往之！

3、社區指導：農村社區和城市社區，同樣都面臨著傳統文化的缺失，尤其面臨著傳統文化中優秀、合理一面的嚴重缺失。如前所述，傳統社區本有其自治的功能，從而可以減輕政府的行政負擔，自治功能的衰亡，便意味著政府的負擔加重，和民間的散漫無歸。在農村方面，其早期教育、抗災防盜、凶荒賑濟、建設規劃等方面社區本身的能力極弱，已經導致民間將一切問題推向政府的風潮。這次四川蘆山地震，災民至於舉牌「我餓我冷」到街頭示威抗議，便見得中國農村傳統精神的死亡。農村本來是城市的大後方，為城市的人群提供「地氣」，提供較為穩定的精神儲備，思想疲弱可以休整，一旦變亂可以退藏，不斷為城市提供旺健的力量，所謂「禮失求諸野」。今天的農村社區功能殘破、口戶日減（擠向城市），所存的組織力，大約只有宗族一項。沒有思想寄託和指導的宗族力

量，是有破壞性的。按此趨勢，國家沒有安定的後方，優秀人才日見枯竭，貧富的各自安樂消失。甚至，文學藝術也將沒落。這是十分令人擔心的。

如果這樣的觀察大體不錯，那麼，儒學教育的重建，在農村社區比城市社區更為困難，也更為緊迫。而在實際操作上，只有凝聚城市的力量、城市先行，庶乎可行。

2013-7-16

本文曾收錄於《2013 東亞青年儒家論壇暨研習營講義資料》

國家圖書館出版品預行編目資料

儒家工夫論

吳新成著. – 初版. – 臺北市：臺灣學生，2017.02
面；公分

ISBN 978-957-15-1722-3 (平裝)

1. 儒家 2. 儒學 3. 文集

121.207                                106001126

# 儒 家 工 夫 論

著　作　者：吳　　　　新　　　　成
出　版　者：臺 灣 學 生 書 局 有 限 公 司
發　行　人：楊　　　　雲　　　　龍
發　行　所：臺 灣 學 生 書 局 有 限 公 司
　　　　　　臺北市和平東路一段七十五巷十一號
　　　　　　郵 政 劃 撥 帳 號 ： 0 0 0 2 4 6 6 8
　　　　　　電 話 ： ( 0 2 ) 2 3 9 2 8 1 8 5
　　　　　　傳 眞 ： ( 0 2 ) 2 3 9 2 8 1 0 5
　　　　　　E-mail : student.book@msa.hinet.net
　　　　　　http : //www.studentbook.com.tw
本 書 局 登
記 證 字 號：行政院新聞局局版北市業字第玖捌壹號
印　刷　所：長　欣　印　刷　企　業　社
　　　　　　新北市中和區中正路九八八巷十七號
　　　　　　電 話 ： ( 0 2 ) 2 2 2 6 8 8 5 3

定價：新臺幣三四○元

二 ○ 一 七 年 二 月 初 版

ISBN 978-957-15-1722-3 (平裝)